Thomas Klie / Johann-Christoph Student

Die Patientenverfügung

HERDER spektrum

Band 5044

Das Buch

Muss man heute, um für Alter und Krankheit vorzusorgen, eine Patientenverfügung verfassen? Was kann sie leisten? Welche zusätzlichen Alternativen und Möglichkeiten der Vorsorge gibt es? Besteht die Gefahr „stiller" Euthanasie? Wie ist menschenwürdiges Leben bis zum Ende möglich? Wie muss eine Patientenverfügung aussehen, die wirklich vorsorgt? Der Jurist Thomas Klie und der Arzt und Leiter des Stuttgarter Hospizes Johann-Christoph Student zeigen Möglichkeiten und Nutzen solcher Verfügungen. Sie gehen aus von den Befürchtungen, Ängsten und Erwartungen der Betroffenen. Sie informieren über Schmerztherapien, über die Versorgung von Menschen, die im Wachkoma liegen (sog. apallisches Syndrom). Sie zeigen auf, wo Menschen Unterstützung und Hilfe finden, wie die Kommunikation aufrecht zu erhalten ist.
Informationen und ganz konkrete Vorschläge – aus juristischer und ärztlicher Sicht.

Die Autoren:

Thomas Klie, Dr. jur., Professor an der Evangelischen Fachhochschule in Freiburg und nebenberuflich als Rechtsanwalt tätig. Er ist 1. Vizepräsident der Deutschen Gesellschaft für Gerontologie und Geriatrie und als renommierter Jurist und Gerontologe durch zahlreiche Veröffentlichungen bekannt. Seit Jahren ist er mit Fragen der Vorsorge im Alter und der Patientenverfügungen befasst.
Johann-Christoph Student, Professor, Dr. med., leitet das Hospiz Stuttgart. Autor zahlreicher Veröffentlichungen, vor allem zum Thema Hospiz und Hospizbewegung. Führend in der deutschen Hospizbewegung. Bei Herder Spektrum: Im Himmel welken keine Blumen. Kinder begegnen dem Tod (Band 4967).

Thomas Klie /
Johann-Christoph Student

Die Patientenverfügung

Was Sie tun können, um richtig vorzusorgen

Herder
Freiburg · Basel · Wien

Gedruckt auf umweltfreundlichem,
chlorfrei gebleichtem Papier

Originalausgabe

Satz: Rudolf Kempf, Emmendingen
Herstellung: fgb · freiburger graphische betriebe 2001
www.fgb.de
Umschlaggestaltung und Konzeption:
R·M·E München / Roland Eschlbeck, Liana Tuchel
Umschlagfoto: © Bavaria Bildagentur
Autorenfoto: © Ilja Clemens Hendel (Th. Klie)
ISBN 3-451-05044-7

Inhalt

Zur Einführung 7

Dank 11

I Das Sterben selbst bestimmen 12
Wann denken wir an Vorsorge? — Die Anlässe . . . 23
Rechtliche Vorsorgemöglichkeiten 30

II Essen und Trinken hält Leib und Seele zusammen – Nahrungsverweigerung am Lebensende 46
Angst vor Schmerzen und Möglichkeiten der lindernden Therapie 54
Leben in der Bewusstlosigkeit 70
Die große Angst vor der Verwirrtheit im Alter . . . 87

III Der Wunsch nach aktiver Sterbehilfe 100
Organtransplantation — Was zu bedenken ist . . . 111
Nicht alles muss geregelt werden 119

IV Die juristische Sterbehilfediskussion 127

V Empfehlungen zur sinnvollen Vorsorge 144
Eine Verfügung oder Vollmacht wirksam formulieren 155

VI Zum Schluss: Orientierungen und Perspektiven . . 182

VII Nützliche Anschriften 186
Literatur 187

VIII Hinweiskarte für den Geldbeutel oder die Brieftasche 189

Zur Einführung

Der Tod, so wird gesagt, sei das einzige wirklich Sichere in unserem Leben. – Das mag zutreffen. Mindestens ebenso zutreffend aber ist es, dass die Zeit des Sterbens und des Todes diejenigen Zeiten im Leben von uns Menschen sind, die uns am meisten verunsichern und ängstigen. Dies ist kein neues Phänomen. Aus der Geschichte des Abendlandes wissen wir, dass Sterben und Tod die Menschen zu allen Zeiten zutiefst beunruhigt haben.

Was sich aber in unserer Zeit geändert hat, das ist ganz offenbar der *Umgang* mit dieser Beunruhigung. In früheren Zeiten hatten die Menschen in Mitteleuropa Methoden entwickelt, diese Ängstigung erträglich zu gestalten. Zu diesen Bewältigungsstrategien gehörten vor allem hilfreiche Rituale. Sie enthielten stets zwei wichtige Elemente: Zum einen erzeugten sie um den Tod herum so etwas wie Gemeinschaft und Öffentlichkeit. Der Einzelne war in dieser Zeit nicht allein gelassen, sondern konnte sich – mehr oder weniger – von der Gemeinschaft getragen fühlen. Durch die „Öffentlichkeit des Todes", d. h. durch Rituale, die das Sterben und vor allem den Tod für alle der Gemeinschaft Angehörenden sichtbar machte, war so etwas wie ein wiederkehrendes Einüben in den Umgang mit dem eigenen Tod möglich. – Das andere wichtige Element solcher Rituale war die Sicherheit für das eigene Verhalten: Die Menschen wussten – mehr oder weniger –, was sie zu bestimmten Zeiten im Verlaufe des Sterbeprozesses zu tun hatten. Auf diese Weise waren Rituale so etwas wie „Handläufe auf unsicherer Wegstrecke".

Von solchen überkommenen, hilfreichen Ritualen ist uns – insbesondere in städtischen Gebieten – im Laufe des 20. Jahrhunderts das meiste verloren gegangen. So kommt es, dass der französische Historiker Ariès davon spricht, dass unser Umgang mit dem Tod – verglichen mit früheren Zeiten – regelrecht „verwildert" sei.

Es scheint aber so, als hätten die Menschen an der Jahrtausendwende erkannt, dass zu einem guten Sterben und einem rechten Tod neue Rituale gehören, die nicht einfach Wiederbelebung von Altem sein können. Zu diesen neuen Ritualen, so will es uns scheinen, gehört ein ganz spezieller Umgang mit dem Sterben, den man als einen Versuch der „Verrechtlichung" der Sterbephase bezeichnen könnte. Gemeint ist damit, dass diejenigen Menschen, die den Mut haben, sich mit dem Thema des eigenen Sterbens auseinander zu setzen, darauf setzen, dass ihnen mit Hilfe des Rechts ein Teil der verloren gegangenen Sicherheit wieder zugänglich gemacht wird.

Zu den Formen moderner rechtlicher Vorsorge gehören die *Patientenverfügungen*, aber auch andere, neuere Formen der Vorsorge wie die der *Vorsorgevollmachten* und *Betreuungsverfügungen*. Wer sich um die Beachtung seines Willens in der Sterbephase sorgt, ist darauf verwiesen, rechtliche Formen der Vorsorge zu treffen: So werden Verfügungen und Vollmachten als neue Rituale zur Zumutung der Moderne für den aufgeklärten Menschen.

Zugleich ist aber Vorsicht geboten: In Europa und zunehmend auch in Deutschland wächst die Akzeptanz gegenüber der aktiven Sterbehilfe. Das „Ritual", eine Patientenverfügung oder eine Vorsorgevollmacht zu verfassen, könnte auch auf stille Weise und eher im Verborgenen die aktive Sterbehilfe in Deutschland hoffähig machen. Noch ist in Deutschland der Behandlungsabbruch bei unheilbar kranken Menschen, bei Koma-Patienten/-innen und bei schwerstbehinderten Neugeborenen (wie er in den Richtlinien zur Sterbebegleitung der Bundesärztekammer thematisiert wird) umstritten. Er könnte aber durch die weite Verbreitung von Patientenverfügungen in der Bevölkerung legitimiert werden. Denn anders als in den Niederlanden oder Australien kommt die „Normalisierung" der Euthanasie-Diskussion in Deutschland nicht mit dem „großen Knall" einer gesetzlichen Absicherung. Sondern: „sie wird als Kampagne für den ‚selbstbestimmten Tod' alltags- und gesellschaftsmächtig" (Feyerabend).

Gegen eine solche Normalisierung der Euthanasie wendet sich dieses Buch. Es möchte vielmehr den Wert des Lebens auch am Ende des Lebens herausarbeiten Es will auf Bedingungen aufmerksam machen, die für Aspekte der Menschenwürde und Solidarität wichtig sind, und für sie werben. In diesem Sinne soll es auch zu einer eigenen, individuellen und die Autonomie des Einzelnen sichernden Auseinandersetzung einladen.

Dieses Buch, zu dem sich ein Jurist und ein Arzt zusammengefunden haben, will Ihnen, die Sie sich für diese Art der Sicherung für das Lebensende interessieren, alle erforderlichen Informationen bereitstellen. Daran, dass hierfür ein ganzes Buch geschrieben wurde, können Sie bereits erkennen, dass es mit dem Ausfüllen eines einfachen Formulars nicht getan ist. Aber auch schon die Rituale früherer Jahrhunderte konnten ja nicht durch einen einfachen, einmaligen Akt ihre Wirksamkeit entfalten.

Mit diesem Buch wollen wir Ihnen unsere Begleitung durch alle Fragen anbieten, die mit den Vorsorgeverfügungen für die Zeit des eigenen Lebensendes zusammenhängen. Dazu haben wir die anstehenden Aufgaben sowohl von der rechtlichen als auch von der medizinischen und der ethischen Seite beleuchtet. Deshalb werden Sie in diesem Buch einerseits Kapitel finden, die Ihnen die *juristischen Zusammenhänge* genau erläutern und Sie bei den einzelnen Entscheidungsschritten sorgsam begleiten. Andererseits werden Sie – eher aus *medizinischer Sicht* – Kapitel finden, die Ihnen konkrete Situationen in der letzten Lebensphase vor Augen führen. Anhand ganz praktischer Erfahrungen von Menschen, die ihr eigenes Sterben oder das von Angehörigen bewältigen konnten, möchten wir Sie dabei unterstützen, Ihren eigenen Weg zu finden und selbstbewusste Entscheidungen zu treffen.

Das Buch möchte Ihnen aber auch in redlicher Weise deutlich machen, wo die Grenzen der Sicherungsmöglichkeiten liegen. Es wird Sie damit auch immer wieder auf das Wesen aller Rituale verweisen: nämlich darauf, dass sie stets nur in dem Maße wirksam werden, wie sie eingebunden waren in eine Gemeinschaft von Mitmenschen, die sie mitgetragen haben. Ihr ethischer Wert schließlich mag schon immer auch davon abgehangen haben, wie weit sie dazu beitrugen, in einer Gesellschaft Verbundenheit auch für jene Menschen herzustellen und spürbar werden zu lassen, die allein und fremd waren. Vorsorge für die letzte Lebensphase, das bedeutete immer schon und bedeutet auch heute noch, sich der Nähe von Menschen zu vergewissern, die bereit sind, den letzten Lebensweg mit uns zu gehen. Dies ist eine Aufgabe, die wir nicht erst beginnen dürfen, wenn das Sterben absehbar ist, sondern die wir bereits in gesunden, am besten sogar schon in jungen Jahren angehen sollten. Damit wird Vorsorge für das Lebensende mehr als nur rechtliche oder medizinische Vergewisserung. Damit wird Vorsorge für das Lebensende zu einer Aufgabe der Mitmenschlichkeit auf Gegenseitigkeit, die unserem Leben – zu welchen Zeiten auch immer – Sinn und Tiefe gibt.

Zum Umgang mit diesem Buch:

Wir empfehlen Ihnen, sich zunächst den Kapiteln in diesem Buch zuzuwenden, von denen Sie sich besonders angesprochen fühlen und die Ihnen persönlich besonders hilfreich erscheinen. Ab Seite 155 finden Sie ganz konkrete Formulierungsempfehlungen, mit deren Hilfe Sie eine Ihnen gemäße Verfügung aufsetzen können.

Dank

Es ist uns eine angenehme Aufgabe, an dieser Stelle all jenen zu danken, die die Entstehung dieses Buches gefördert haben: Dr. Karin Walter und Dr. Rudolf Walter von Herder Spektrum, die das Entstehen des Buches angeregt und uns zu seiner Fertigstellung immer wieder ermutigt haben. Den vielen Kolleginnen und Kollegen, die uns durch stimulierende und kontroverse Diskussionen dabei unterstützt haben, unsere eigene Position zu schärfen. Petra Faber, die durch kritisches Gegenlesen des Manuskriptes geholfen hat, die Qualität der Texte aufzuwerten, Gerda Arnold für die Anteil nehmende Übernahme der Schreibarbeiten. Vor allem aber den Menschen, die uns über viele Jahre hin immer wieder an ihren Ängsten und Befürchtungen, aber auch an ihren bereichernden Einsichten und Erfahrungen in der letzten Lebensphase teilhaben ließen. Und nicht zuletzt unseren Familien, die es mitgetragen haben, dass wir ihnen immer wieder etwas von unserer Präsenz und Energie entzogen haben, um diese Arbeit zum Abschluss zu bringen.

Thomas Klie und Johann-Christoph Student

I
Das Sterben selbst bestimmen

Ingrid Meiser, jetzt 46 Jahre alt, ist eine äußerst selbstständige Frau. Was sie in ihrem Leben erreicht hat, hat sie nur sich selbst zu verdanken. Schon in jungen Jahren war sie auf sich selbst gestellt. Von ihren Eltern konnte und wollte sie nichts erwarten. Ihre Berufsausbildung im kaufmännischen Bereich hat sie sich selbst erarbeitet, mühsam und gegen viele Widerstände – und hat schließlich einen attraktiven und selbstbestimmten Arbeitsplatz erhalten. „Eigentlich bin ich da unabkömmlich."*

Auch ihre Tochter hat sie alleine großgezogen, hat dafür gesorgt, dass aus ihr „etwas Rechtes" wurde. Sie kann zufrieden sein mit ihrem Leben – könnte zufrieden sein! Denn da gibt es noch etwas in ihrem Leben, etwas, womit sie nicht gerechnet hat: den Tumor in ihrem Gehirn. Seit knapp zwei Jahren ist er erst bekannt, war damals eher ein Zufallsbefund im Rahmen einer Routineuntersuchung. Ungerecht findet sie ihn. Warum muss das gerade ihr passieren? Hat sie es nicht ohnedies schwer genug im Leben gehabt? Hat sie denn nicht um alles kämpfen müssen? Und hat sie nicht etwa gut und fair gekämpft? Womit hat sie so etwas verdient?

„Jetzt ist der Kampf wohl vorbei – haben jedenfalls die Ärzte gesagt." Nein, Hoffnung auf Genesung habe sie nicht mehr – „obwohl, manchmal ist da schon noch so ein Gedanke, ob es noch irgendwo in Deutschland eine Stelle gibt, wo . . ." Sie macht eine wegwerfende Handbewegung – eigentlich glaubt sie auch selbst nicht mehr daran.

*Alle Namen und personenbezogenen Daten in diesem Buch wurden selbstverständlich so weit geändert, dass auf die tatsächlich gemeinten Personen nicht rückgeschlossen werden kann.

Nachdenklich schaut sie aus dem Fenster des Krankenzimmers im 5. Stock des Klinikums. Für die Tochter hat sie alles geregelt, was man regeln kann. Schließlich ist sie schon erwachsen. – Was ihr wirklich Sorgen macht, ist die eigene Zukunft. „Wenn man nur wüsste, wie es weitergeht!" Natürlich hat sie eine Patientenverfügung. An Schläuchen zu sterben, das wäre das Letzte, was sie sich wünscht. Dass womöglich dann, wenn sie in einen hilflosen Zustand gerät, andere über ihr Leben bestimmen, dieser Gedanke will ihr unerträglich erscheinen. „Nein, dann soll schnell Schluss sein." Bloß nicht noch irgendwo unnütz dahinvegetieren.

„Hospiz? Das ist doch so ein Ort zum Sterben, wo man in Ruhe gelassen wird, wo sie einem beim Sterben helfen." Lieber würde sie natürlich nach Hause gehen. Aber da wäre dann im Notfall niemand; und sie merkt natürlich, dass die Kräfte nachlassen. Die Schwäche im linken Arm macht ihr Sorgen. „Ich glaube, die nimmt zu. Sie sagen, das käme vom Tumor", sie sieht zum ersten Mal etwas ängstlich aus, „das nimmt womöglich noch zu." Ja, sie sei einverstanden damit, in den stationären Bereich des Hospizes aufgenommen zu werden, „aber erst, wenn es wirklich nicht mehr anders geht".

Drei Wochen sind vergangen. „Wenn ich ganz hilflos werde, dann bringt mich um! Das kann ich nicht ertragen", sagt sie der Schwester, die sie im stationären Hospiz aufnimmt. Ein Zustand der Hilflosigkeit ist das Gegenbild ihrer Vorstellungen von eigener Würde. „Wir werden Sie nicht töten, aber wir werden alles tun, damit Sie möglichst wenig Beschwerden haben und nicht alleine sind, wenn Sie das nicht wollen." Ingrid Meiser genügt das nicht. Die Schwester schaut sie ruhig an. Sie sind beide im selben Alter: „Lassen Sie uns den Weg gemeinsam gehen. Im Moment steht, glaube ich, noch keine Entscheidung an."

Die Lähmung im Arm nimmt zu. Auch das linke Bein wird allmählich schwächer. Frau Meiser braucht auch beim Waschen Hilfe, ebenso beim Gang zur Toilette. Aber sie behält die Macht über die Situation. Sie ist es, die bestimmt, wann was geschieht. Es gibt keinen Rhythmus, den die Institution ihr aufzwingt. – An den Esstisch in der großen Wohnküche des Hospizes möchte sie jetzt nicht mehr. „Die brauchen nicht zu sehen, wie ungeschickt ich geworden bin." Aber dass die Freiwillige Begleiterin sie nachmittags im Rollstuhl in den Garten schiebt, um sich dort ein wenig mit ihr zu unterhalten, das nimmt sie doch nach einigem Zögern an, „solange das halt noch möglich ist". „Die hat auch eine Tochter, fast im selben Alter wie meine. Da können wir uns gut austauschen", erzählt sie später auf der Station.

Der Tumor wächst schnell. Die Ausfahrten in den Garten sind schon bald nicht mehr möglich. Allmählich geht fast nichts mehr ohne Hilfe. – „Wir sind für Sie da", freundlich nickt die Schwester ihr zu, als sie auf Frau Meisers sorgenvollen Blick trifft, „und ich pflege Sie sehr gerne." Frau Meisers Körper entspannt sich. Diese Entspannung scheint das erste Zeichen für den Beginn einer neuen Phase im Leben der sterbenskranken Frau anzuzeigen. „Ich glaube", berichtet wenig später in der Teambesprechung eine der Krankenschwestern, „sie kann es allmählich sogar richtig genießen, wenn ich sie pflege. Vielleicht gibt es das ja zum ersten Mal in ihrem Leben, dass sie selbst so umsorgt wird, nicht mehr für andere sorgen muss, nicht einmal für sich selbst." „Ja", fällt eine andere ein, „und trotzdem darf sie alles bestimmen, was es noch zu bestimmen gibt."

Wenige Tage nach diesem Gespräch stirbt Frau Meiser ganz ruhig, während ihre Tochter an ihrem Bett sitzt. Die Schwestern beziehen sie in alle Rituale und Handlungen, die den toten Körper der Mutter betreffen, ein. „Es tat so weh und tat so gut", sagt sie später in der Trauergruppe.

„Machen", „selbst bestimmen", „Unabhängigkeit genießen", „Kontrolle haben" . . . das sind einige der Begriffe, die unsere Zeit charakterisieren, den Umgang der Menschen mit sich und der Umwelt beschreiben. Kein Wunder, wenn es dem Menschen unserer Zeit so ganz besondere Mühe zu machen scheint, mit den Unwägbarkeiten, dem Unkontrollierbaren einen rechten Umgang zu finden. Was aber gäbe es Unwägbareres als eine Erkrankung, die mich in die Ohnmacht drängt, meine Möglichkeiten der Selbstbestimmung ausschaltet, mir ein Leben in der Hilflosigkeit, gar Bewusstlosigkeit aufdrängt? – Dies mag auch erklären, warum Menschen heute auf die Frage nach ihren größten Ängsten am Lebensende nicht etwa den Tod nennen, sondern die Zeit davor: das Sterben. Für diese Zeit alle nur erdenkliche Vorsorge zu treffen, das erscheint wenigstens jenen Menschen nahe liegend, die sich überhaupt mit dem Lebensende befassen. Die Mehrheit der Menschen aber geht den anderen Weg: den der Verdrängung dieser letzten und definitiven Bedrohung der eigenen Autonomie.

Die Ursachen dieser Entwicklung sind vielschichtig und haben wesentlich zu tun mit den gesellschaftlichen (und damit auch mit den medizinischen) Umbrüchen und Veränderungen, die es im 20. Jahrhundert in den westlichen Industriestaaten gab. Nur einige der Aspekte sollen hier erwähnt werden:

Gesellschaftliche Veränderungen (insbesondere die Verbesserung der Einkommenslage der Menschen, Verbesserung der hygienischen Verhältnisse und die verbesserten Ernährungsbedingungen) haben dazu geführt, dass Menschen heute *im Durchschnitt* länger leben als vor hundert Jahren. Zwar werden wir (noch) nicht wirklich wesentlich älter. Aber die Sterblichkeit im frühen Säuglings- und Kindesalter ist dramatisch zurückgegangen. Dadurch erleben mehr Menschen das Erwachsenenalter, was in erster Linie das höhere *Durchschnitts*alter unserer Bevölkerung erklärt. Aber das Sterben ist auf diese Weise ein Phänomen geworden, das das höhere Lebensalter betrifft. Die Menschen unserer Zeit sterben alt. Der Tod in jungen Jahren ist zur Ausnahme geworden. Das war nicht immer so.

Nicht zuletzt durch die Entwicklung von guten Behandlungsmöglichkeiten gegen Infektionskrankheiten (durch Impfungen, aber auch durch Antibiotika) sterben weit mehr Menschen heutzutage an einer *chronischen*, d. h. lang hingezogenen Erkrankung. Die mit Abstand häufigsten Todesursachen sind Herz-Kreislauf-Erkrankungen (insbesondere Herzinfarkt, Schlaganfall u. Ä.) und Krebs – Erkrankungen, gegen die die Medizin unserer Tage nur begrenzte Möglichkeiten zur Verfügung hat.

Die Menschen des beginnenden 21. Jahrhunderts sterben also im hohen Alter und sie sterben an chronischen, d. h. lang hingezogenen Erkrankungen.

Warum das Interesse von Paaren, ein Kind zu bekommen und damit eine Familie zu gründen, im 20. Jahrhundert so dramatisch abgenommen hat, soll hier nicht im Einzelnen diskutiert werden. Wichtige Faktoren sind dabei sicherlich die verbesserten Verhütungsmethoden einerseits und der soziale Egoismus (wer Kinder hat, ist ärmer) andererseits. Aber auch andere Motive oder Gründe sind bekannt, etwa die Rücksicht auf die Überbevölkerung der Welt oder eine wenig kinderfreundliche Gesellschaft. Klar ist jedenfalls: Den alten Menschen stehen immer weniger junge gegenüber. – Die Folgen dieser Entwicklung werden erst die nächsten Generationen in ihrer ganzen Härte treffen. Unsere Gesellschaft gilt schon jetzt als alt. Alte Menschen sind stärker von Krankheit und Tod betroffen, sie brauchen mehr Pflege und Zuwendung. Noch nie im geschichtlichen Zurückdenken wurden zwischen den Generationen, aber auch in Partnerschaften so viel Pflege geleistet und Zuwendung gegeben wie gerade jetzt zur Jahrtausendwende. Dennoch fühlen sich Menschen im hohen Alter häufig einsam und verlassen und erhalten nicht die Unterstützung, die sie bräuchten.

Wer heute einen attraktiven Beruf ausüben will, muss mobil sein. Lange sind die Zeiten vorbei, in denen Menschen in einer Region des Landes aufwuchsen, dort ihren

Beruf erlernten und schließlich auch ausübten. Diese Entwicklung hält an und wird den Zusammenhalt von Familien erheblich verändern. Eltern, die heute eine Kleinfamilie gründen, können nicht damit rechnen, dass ihre Kinder in ihrer Nähe leben werden, wenn sie selbst alt und gebrechlich sind. Zwar gibt es heute – gerade in ländlichen Gebieten – durchaus noch traditionelle Familienverbände und damit auch für Menschen die Chance, im vertrauten Kreise ihr Leben zu beenden. Aber die Veränderung des Familienzusammenhaltes spüren wir in den Großstädten schon heute deutlich.

Die Menschen des beginnenden 21. Jahrhunderts sterben also nicht nur im hohen Alter und an lang hingezogenen Erkrankungen, sie sterben oft einsamer als die Generationen vor ihnen.

Die Medizin unserer Tage hat noch keinen Durchbruch in der erfolgreichen Behandlung der großen Volksseuchen Krebs und Herz-Kreislauf-Erkrankungen errungen. Ihre spektakulärsten Erfolge liegen eher auf dem Gebiet von seltenen, nur wenige betreffenden Krankheiten. Dennoch richten sich alle Hoffnungen der Kranken auf das Medizinsystem, wenn sie von einer dieser Erkrankungen betroffen sind. Und natürlich kann die Medizin in manchen Fällen auch bewundernswerte Erfolge verzeichnen. Oftmals aber kann sie den Verlauf einer lebensbedrohlichen Erkrankung nur verzögern, den Tod nur hinausschieben. – Manchmal tut sie sogar zu viel des Guten: Dann werden aus kranken Menschen „Therapie-Invaliden". So ist bisweilen der Preis für ein längeres Überleben die „Verstümmelung", das Weiterleben mit Entstellungen und Lebenseinschränkungen. Bisweilen erzeugt die Medizin also erst Leiden, die dann das Lebensende in besonderer Weise belasten, einschränken und besondere Formen der Hilflosigkeit erzeugen.

Aber all dies geschieht eher im Verborgenen. Denn Sterben und Tod sind den Blicken der Öffentlichkeit weitgehend entzogen. Manch ein Erwachsener hat noch nie im

Leben einen toten Körper gesehen. Was Wunder, wenn dieser Bereich des Lebens schon allein deswegen Angst erzeugt, weil er uns nicht bekannt ist. Wo früher hilfreiche Rituale Gemeinschaft im Leiden schufen und lebenslange Annäherung an das Sterben erlaubten, kommt der Tod heute gewissermaßen aus dem Hinterhalt, trifft uns das eigene Sterben oder das naher Angehöriger ohne rechte Vorbereitung.

Bittet man heute Menschen, ihre Befürchtungen für ein unwürdiges Lebensende in Bildern auszudrücken, so beschreiben viele das Schreckensbild eines hilflosen Lebens auf der Intensivstation: angeschlossen an zahllose Schläuche und Kabel, umstellt von elektronischem Gerät und beunruhigenden Maschinen. So wie es uns in Zeitungen und Fernsehbildern vor Augen geführt wird: Nackt, alleine, regungs- und hilflos, in ihrem Bewusstsein umnebelt oder gar tief bewusstlos sehen sich die Menschen dort, umgeben von vermummten Gestalten, die sich mehr um die Maschinen und die Körperfunktionen als den einzelnen Menschen in seinen seelischen Bedürfnissen kümmern. – Intensivstationen sind zwar in der Tat so etwas wie Frontstationen im Kampf der Medizin gegen schwere Krankheit. Sie sind aber in den meisten Fällen nur Durchgangsstationen für die Betroffenen. Sie sind z.B. der Ort, wo der Schwerverletzte nach einem Unfall intensive Hilfe erfährt. Sie sind der Ort, wo der an einem akuten Herzinfarkt Erkrankte aufgenommen wird und wo sich meist entscheidet, nach welcher Seite die Waage sich neigt. Die Intensivstation ist es, die den Menschen nach schwerer Operation in Empfang nimmt – und meist ins Leben zurückführt.

Aber Intensivstationen sind nicht die typischen Sterbeorte unserer Zeit. Nicht dort, sondern in einem ganz normalen Krankenhausbett sterben die meisten Menschen heute: Vielleicht in einem kleinen, abgelegenen Zimmer der Klinik, in das nur noch selten eine Schwester oder gar ein Arzt hineinschaut, stirbt der Mensch an der Wende vom 20. zum 21. Jahrhundert – womöglich einsam, allein, vergessen, von Angehörigen nur kurz und scheu besucht. Denn die Angehörigen brauchen oftmals viel Kraft und Mut, wenn sie in der nüchternen Atmosphäre eines Großklinikums ihren Angehörigen Nähe und Anteil nehmende Wärme zeigen wollen.

Nicht viel seltener als im Krankenhaus stirbt der Mensch zu Beginn des 21. Jahrhunderts im Bett eines Pflegeheimes. Zwar gibt es eine nennenswerte Zahl von Pflegeheimen, deren Mitarbeiterinnen und Mitarbeiter sich vorbildlich bemühen, den alten Menschen als Ganzen in seinen Bedürfnissen wahrzunehmen. Dort fällt es dann auch den Angehörigen leichter, ihren alten Eltern Nähe zu zeigen und ihnen das Leben in diesem neuen Zuhause zu erleichtern. Vereinzelt gibt es sogar Pflegeheime, in denen die Mitarbeiterinnen und Mitarbeiter das Prinzip der ganzheitlichen, lindernden Pflege verwirklichen, wie sie die Hospizarbeit[1] lehrt. – Die Bilder in den Köpfen der Menschen (und leider oftmals auch die Realität) sehen ganz anders aus. Da lebt der alte Mensch im Pflegeheim hochbetagt, ohne Freunde und Bekannte, weil diese selbst sich in kaum einer besseren Lage befinden; nur selten einmal besucht von Angehörigen und Verwandten, die mitleidig hereinschauen und froh sind, wenn sie diesem ängstigenden Szenario wieder entfliehen und sich in die Geschäftigkeit ihres aktiven Lebens stürzen können. Zu Reaktionen kaum noch fähig, in seinen Sinneswahrnehmungen beschränkt, verdämmert sein

[1] Unter Hospiz versteht man heute ein Konzept der Fürsorge für sterbende Menschen und ihre Angehörigen, das die Bedürfnisse und Wünsche der Betroffenen ganz ins Zentrum stellt. Geleistet wird diese Arbeit durch Hauptamtliche unterschiedlicher Berufsgruppen (insbesondere durch Pflegekräfte, Ärzte und Sozialarbeiter) sowie durch Freiwillige Helferinnen und Helfer. Wichtige Aufgabe ist die Behandlung von körperlichen und seelischen Beschwerden. Hospize haben nicht das Ziel, den Sterbeprozess zu verzögern oder zu beschleunigen. Die Nachsorge für die Angehörigen in der Zeit der Trauer ist integraler Bestandteil der Arbeit. Wichtiges Ziel der Hospizarbeit ist es, den Menschen ein Sterben zu Hause zu ermöglichen. Falls dieses nicht mehr möglich ist, gibt es auch stationäre Hospizangebote.

Leben. Der Pflegealltag der Pflegekräfte ist in den letzten Jahren erheblich „verdichtet", sie fühlen sich oft daran gehindert, eine Pflege zu leisten, die sie gelernt haben und die ihnen am Herzen liegt. Sie sind oft aber auch emotional nicht in der Lage, Beziehungen zu den pflegebedürftigen Menschen einzugehen und Sterbenden Nähe zu zeigen.

Wen mag es da – auf dem Hintergrund solcher Szenarien – wundern, dass der Mensch unserer Zeit das Sterben, diese letzte Phase unseres irdischen Lebens, mehr fürchtet als den Tod und diesen eher als „Erlösung" herbeiphantasiert – jedenfalls solange er sich noch einigermaßen aktiv und dynamisch fühlt? Die breite Berichterstattung über Skandale in deutschen Pflegeheimen verstärkt die Befürchtung, einmal selber in einer unwürdigen Pflegesituation zu enden. Ängste beschleichen also gerade auch diejenigen unter uns, die den Mut haben, an das Leben in seiner letzten Phase zu denken. Und der Wunsch entsteht, sich gegen alle möglichen Unbilden dieser Zeit zu schützen.

„Das Leben ist schon noch in Ordnung", meint die 86-jährige Lisa Schuster. „Aber wenn ich dann nichts mehr leisten kann, nicht einmal mehr fernsehen, dann soll es vollends schnell gehen. Jedenfalls soll dann niemand mehr etwas tun, was diese schwierige Zeit verlängert." Lisa Schuster hat deshalb eine Patientenverfügung ausgefüllt.

Ernst Franke ist erst 69 Jahre alt. Er hat zwei Herzinfarkte überlebt, kann sich kaum noch bewegen, kommt gleich außer Atem. Auf einem Auge ist er blind, das andere ist getrübt. Aber die Zigarre schmeckt noch immer. „Den dritten Herzinfarkt soll ja kaum noch einer überleben, habe ich gehört. Ich hoffe nur, die probieren dann nicht noch viel an mir herum. Die Maschinen sollen sie abschalten, sobald keine Hoffnung mehr auf Genesung ist." Seine Vorsorgevollmacht liegt deshalb bei seinen persönlichen Unterlagen im Nachttisch.

„Selbst der Gedanke an das Pflegeheim ist mir unerträglich. Ich kenne es; meine Mutter lebt dort. Na, Leben kann man das kaum noch nennen. Nein, nein – ehe ich Invalide werde, sollen sie man alle Maschinen ganz schnell abschalten. Das lohnt sich dann doch nicht mehr." Michael Schneider ist gerade 42 geworden. Er trägt seine Patientenverfügung in der Brieftasche bei sich.

Mathilde Große ist Freiwillige Mitarbeiterin in einem Hospiz, 58 Jahre alt. „Ich will, dass meine Tochter etwas in der Hand hat. Oft habe ich mit ihr darüber gesprochen, was ich will und was ich gewiss nicht brauchen kann, wenn es mal ans Sterben geht. Ich hoffe, sie wird sich durchsetzen können bei den Ärzten. Deshalb habe ich eine Betreuungsverfügung ausgefüllt."

Vorausverfügungen wie Patientenverfügung, Vorsorgevollmacht oder Betreuungsverfügung erscheinen fast als so etwas wie ein Wundermittel gegen die Unbilden der letzten Lebensphase, eine Art Versicherung gegen die Schrecken der letzten Krankheit. Kein Wunder, dass die Diskussion ihres Wertes und die Grenzen der damit zu treffenden Verfügungsmöglichkeiten auch in der Öffentlichkeit breiten Raum einnimmt.

Wohl möglich, dass alle vier der oben zitierten Menschen zufällig ganz ähnliche Formulierungen gewählt haben, um ihren Wunsch nach einem würdigen Lebensende zu bekräftigen. Aber wollen sie nicht alle im Grunde genommen durchaus Verschiedenes? Wie ist es möglich, alle diese Wünsche in angemessener Form auszudrücken?

Und dann: Wie weit ist der behandelnde Arzt, sind die besorgten Angehörigen an dieses Schriftstück gebunden? Wie weit sollten sie daran gebunden sein.

Martin Kruse war ein begeisterter Motorradfahrer. „Dieses Gefühl von Freiheit und Macht ...", noch heute kommt er manchmal ins Schwärmen, wenn er an diese Zeit denkt. Dann blickt der 32-jährige ein wenig ratlos auf seine gelähmten Beine hinunter. „Die Frage, ob es das wert war, darf ich mir natürlich nicht stellen."

Vor drei Jahren war es, an einem herrlichen Herbsttag, vielleicht dem letzten warmen Tag des Jahres, als er auf einer laubbedeckten Bergstraße im südlichen Schwarzwald in einer scharfen Linkskurve die Gewalt über die schwere Maschine verlor und unter die Leitplanke geschleudert wurde. „Der Autofahrer hinter mir hatte zum Glück ein Handy dabei. 20 Minuten später holte mich der Hubschrauber ab. Das weiß ich natürlich nur aus Erzählungen. Aufgewacht bin ich erst eine Woche später auf der Intensivstation. Natürlich hat mich keiner gefragt, ob ich das wollte. Viel später habe ich den Arzt tatsächlich einmal gefragt, was er gemacht hätte, wenn ich eine Patientenverfügung oder so was dabeigehabt hätte, so verstümmelt wie ich damals war. Drei Tage stand mein Leben auf der Kippe. Der hat ganz verständnislos geschaut, so als hätte ich ihn was Unanständiges gefragt."

„Ich bin ziemlich sicher: Wenn man mich damals gefragt hätte, ob ich ein Leben im Rollstuhl akzeptieren könne, ich hätte ein deutliches Nein gesagt. Auch nachher in der Reha-Klinik hat es immer wieder depressive Phasen gegeben, in denen ich mir fast das Leben genommen hätte. Das ging einigen dort so. Aber vielleicht war es gerade diese Gemeinschaft der Gleichbetroffenen, die mir geholfen hat, diese Zeiten zu bewältigen. Irgendwann kam dann der Ehrgeiz. Ich wollte es denen da draußen zeigen, dass auch ein Krüppel noch etwas leisten kann."

„Ob ich heute zufrieden mit meinem Leben bin?" Martin Kruse zögert mit seiner Antwort. „Ich denke, ich komme irgendwie zurecht. Wissen Sie, Durchhänger haben die so genannten Gesunden auch. Ich lebe natürlich nicht mehr so unbeschwert in das Leben hinein wie vor dem Unfall. Geholfen hat mir sicherlich, dass ich meinen erlernten

Beruf auch im Rollstuhl ausüben kann. Insofern habe ich enormes Glück gehabt. Und", er schaut auf die Pokale auf dem Sims in seinem Büro in einer großen städtischen Behörde, „den Sport musste ich ja auch nicht ganz aufgeben. Ich glaube, ich bin da gar nicht so schlecht."

Wenn wir an das Ziel einer Verfügung oder Vollmacht als Vorsorge für das Lebensende denken, haben wir meistens konkrete Situationen, wie z. B. einen Unfall oder einen Schlaganfall oder was wir sonst besonders fürchten, vor Augen. Aber wie viele der Varianten des Lebens und der Krankheit, die uns treffen können, lassen sich wirklich in unseren Überlegungen vorwegnehmen? Was kann da ein Formular nützen? Und haben wir wirklich *vor* einer möglichen Erkrankung dieselben Vorstellungen, wie sie sich *in* der Erkrankungssituation entwickeln würden? Können wir nicht im Grunde genommen bestenfalls für Störungen unserer Befindlichkeit Vorsorge treffen, die heute schon konkret absehbar sind? Taugt für die vielfältigen Wechselfälle des Lebens solch eine Vorausverfügung überhaupt etwas? Was lässt sich im Voraus regeln, was nicht? – Um diese und ähnliche Fragen wird es in den folgenden Kapiteln gehen. Und sie sollen Ihnen helfen, sich eine eigene Meinung zu bilden und ein eigenes, tragfähiges Konzept für Ihre Vorsorge zu entwickeln.

Wann denken wir an Vorsorge? – Die Anlässe

Die Diskussionen um Patientenverfügungen und Vorsorgevollmachten stehen nicht isoliert da. Sie sind eingebettet in eine breite Diskussion, die in populärer Weise gern überschrieben wird mit der rhetorischen Frage: „Lebensverlängerung um jeden Preis?" Wie oben schon erwähnt: Die Fortschritte der Medizin haben Behandlungsmöglichkeiten geschaffen, an die vor Jahrzehnten noch nicht gedacht wurde.

Die demographische Entwicklung lässt eine relative und absolute Zunahme von sehr alten Menschen erwarten, bei denen sich die Frage der lebenserhaltenden und -verlängernden Maßnahmen gehäuft stellen wird und stellt. Gleichzeitig wird die Diskussion um die Grenzen der Bezahlbarkeit unseres Gesundheitssystems lauter. Die Diskussion um die Rationierung von Gesundheitsleistungen wird sehr offen, wenn auch häufig nicht sehr sachlich, geführt. Eine hohe Zustimmungsrate für die aktive Euthanasie in der Bevölkerung, die in Deutschland jedoch durch die „jüngste deutsche Geschichte" im Dritten Reich weitgehend tabuisiert und durch die bestehende Rechtsordnung limitiert wird, lässt die kulturelle Brisanz der Thematik erkennen. Ist in Holland die aktive Euthanasie bereits eine der häufigsten Todesursachen bei älteren Menschen, so kann sich europaweit eine Art soziale Norm durchsetzen, die Lebenswünsche und Lebensansprüche in einem bestimmten Alter und bei einer bestimmten gesundheitlichen Konstellation als unangemessen oder gar unanständig erscheinen lassen – verbunden mit der Erwartung, dass einem Behandlungsabbruch oder dem Unterlassen ärztlicher Heilbehandlung vorsorglich zugestimmt wird. Der Bundesgerichtshof hat in seiner so genannten „Kemptner Entscheidung" aus dem Jahre 1994 objektive Wertmaßstäbe für die Frage der Rechtmäßigkeit eines Behandlungsabbruches herangezogen, die ihrerseits sozialem und kulturellem Wandel unterworfen sind. Bei aller Notwendigkeit individueller Vorsorge als einer autonomiesichernden Option einer aufgeklärten, modernen Gesellschaft darf die massenhafte Erwartung, individuelle Vorsorge zu treffen, nicht mit Inhalten verbunden werden, die gerade die Autonomiesicherung in Frage stellen: Wenn etwa von den Justizministerien verbreitete Kampagnen zur Formulierung von Patientenverfügungen oder Vorsorgevollmachten dazu führen würden, bestimmte Inhalte der Verfügungen und Vollmachten sozial und kulturell vorzugeben oder den Weg dafür zu ebnen, dann könnte einer gefährlichen Diskussion um „lebenswert“ oder „lebensunwert“ Tür und Tor geöffnet werden, die unter anderen Vorzeichen deutsche Medizingeschichte geschrieben hat.

Das Thema „Patientenverfügung und Vorsorge im Alter“ beschäftigt zusehends mehr Menschen in Deutschland, aber auch in vielen anderen Teilen der Welt. Wissenschaftliche Gesellschaften, Gerichte, die Kirchen und die Ärzteschaft: Alle haben sich die mit dem Thema „Patientenverfügung und Vorsorgeoptionen“ verbundenen Fragen zu eigen machen müssen. Dabei sind viele Fragen, die als offen angesehen werden – etwa: Wie verbindlich ist eine Patientenverfügung? Wie weit reicht die Vertretungsmacht eines Betreuers oder Bevollmächtigten? In gewisser Weise ist es auch gut so, dass manche Fragen offen bleiben, da sich die Probleme am Lebensende, die Entscheidungen über Leben und Tod, die Frage der Zuständigkeiten einfachen Antworten und schnellen Lösungen versagen. Zu sensibel sind die aufgeworfenen Fragen, zu wenig hat sich in unserer Gesellschaft, aber auch in anderen Gesellschaften, eine allgemein verbindliche, tragfähige Ethik und Kultur entwickelt.

Im Folgenden sollen zunächst unterschiedliche „Anlässe“, die zu der neuen Bedeutung von Vorsorge im Alter geführt haben, kurz skizziert werden.

Entscheidungsbefugnisse für Angehörige?

Die meisten Menschen, aber auch die überwiegende Anzahl behandelnder Ärzte halten es für selbstverständlich, dass nahe Angehörige über den Krankheitsverlauf von Patienten informiert werden. In Situationen, in denen Patienten nicht mehr selber entscheiden können, weil sie sich etwa im Zustand der Bewusstlosigkeit befinden oder an einer demenziellen Veränderung leiden, sollen nahe Angehörige für sie entscheiden dürfen. Dies ist aber nach der Rechtsordnung keineswegs so vorgesehen. Vielmehr haben die Angehörigen als solche keinerlei Entscheidungsmacht bzw. keine besondere Rechtsstellung in Fragen der Heilbehandlung. Sie können allenfalls zum Ausdruck und zur Geltung bringen, welche Vorstellungen die ihnen nahen Menschen als Patienten hatten und möglicherweise aktuell haben; Entscheidungsmacht steht ihnen jedoch nicht zu. Das Gleiche gilt für die Ärzte, die ihrerseits an den Willen des Patienten gebunden sind und weder das Unterlassen von Heilbehandlungsmaßnahmen noch die Durchführung einer Behandlung, einer Operation oder einer medikamentösen Therapie etwa, aus eigenen Stücken beschließen können. Sie sind auf den Willen des Patienten angewiesen und behelfen sich in Notfällen mit dem so genannten „mutmaßlichen" Willen. Die Rechtsordnung der Bundesrepublik sieht vor, dass Bevollmächtigte oder (gesetzliche) Betreuer Entscheidungen treffen. Nur die wenigsten Menschen haben eine Vorsorgevollmacht verfasst oder eine Patientenverfügung unterschrieben, und noch viel weniger haben für den Fall einer Betreuungsbedürftigkeit vorgesorgt. Entsprechende Maßnahmen werden auch nicht für erforderlich gehalten. Man meint, Angehörige und ggf. Ärzte, denen man vertraut, könnten und dürften entscheiden. Die Auseinandersetzung mit Patientenverfügungen und anderen Formen der Vorsorge in gesundheitlichen Angelegenheiten ist also zunächst veranlasst dadurch, dass unsere Rechtsordnung entsprechende Vorsorgemaßnahmen erwartet und voraussetzt.

Befürchtete Betreuungsverfahren

1992 wurde in Deutschland das alte Vormundschafts- und Pflegschaftsrecht, das deutlich diskriminierenden und stigmatisierenden Charakter trug, durch das neue Betreuungsrecht abgelöst. Es stellt die Würde und die Selbstbestimmung des Einzelnen heraus und hat die Sorge um die Person, ihre Wünsche, ihre Interessen und das Wohl vor Augen. Diese

„Jahrhundertreform" im Recht der psychisch Kranken und Behinderten stößt in seiner Umsetzung nicht überall auf die an sich zu erwartende positive Resonanz. Viele befürchten, dass sie ohne ihr Zutun im hohen Alter mit dem Vormundschaftsgericht konfrontiert werden und dass durch die neuen Bestimmungen die Autonomie der Familie – auch in ihren Entscheidungen für das kranke Familienmitglied – eingeschränkt wird. Dass das Betreuungsrecht zuvörderst eine Art Dienstleistungsfunktion der Gerichte in dilemmatösen Entscheidungssituationen vorsieht, kommt bei den Menschen nur begrenzt an. Es wird vielmehr befürchtet, dass durch betreuungsrechtliche Verfahren manches komplizierter und vor allem der Rechtsschutz, der als solcher gar nicht als erforderlich angesehen wird, den Familien und Betroffenen sehr teuer kommt. Berichte in den Medien haben darüber hinaus die „Angst" vor dem Vormundschaftsgericht, den gesetzlichen Betreuern und eben dem Betreuungsrecht geschürt und so ein weiteres Motiv geschaffen, sich mit Vorsorgemöglichkeiten für sich selber auseinander zu setzen. Susanne Wegener von der Betreuungsbehörde Hamburg, eine Vorreiterin der Aufklärung über Patientenverfügungen und Vorsorgevollmachten, resümiert: „Die Angst vor der Bürokratie besiegte sozusagen die Angst vor dem Tabuthema: Was passiert mit mir oder meinen Angehörigen, wenn wir nicht mehr in der Lage sind, eigene Entscheidungen zu treffen?" Angesichts dieses Dilemmas sollten die staatlichen Akteure sich verstärkt die Frage stellen: „Was müssen wir (Gericht, Behörde) im Umgang mit den Bürgern verändern, damit ein Gesetz, das trotz gewisser Mängel den Schutz des Betroffenen vor Fremdbestimmung regelt und staatliche Fürsorge beinhaltet, nicht solche Panik auslöst?"

Intensivstationen, in denen sterbewillige Menschen an den Maschinen hängen, unnötig verlängertes Leiden von Menschen in Pflegeheimen, ungnädige künstliche Beatmung und Ernährung von Menschen ohne Bewusstsein, dies sind Bilder, vor denen viele sich fürchten und die sie weder für sich noch für nahe Angehörige als Realität wünschen bzw. die sie nicht als Realität zulassen möchten. Auch das haben viele vor Augen: Ärzte, die verpflichtet sind oder sich verpflichtet fühlen, das Leben um jeden Preis zu verlängern, Pflegekräfte, die aus Angst vor strafrechtlicher Verfolgung lebenserhaltende Ernährungstherapien durchführen. Man möchte sich nicht einer als zynisch erlebten Behandlungspflicht zur Rettung des Lebens ausgesetzt sehen, zu der viele die Ärzte als berufen ansehen und zu der sich auch manche Ärzte für verpflichtet halten – trotz inzwischen anders lautender Standesregeln. Hier möchten Menschen Vorsorge treffen, um nicht Objekt einer lebensverlängernden Therapie zu werden. Sie möchten ihr Subjekt-Sein durch entsprechende Patientenverfügungen und Äußerungen verteidigen, die den Ärzten eine entsprechende Behandlung untersagen bzw. sie von ihrer ansonsten unterstellten Behandlungspflicht entbinden. Ob und inwieweit überhaupt eine derartige Behandlungspflicht besteht, ist an dieser Stelle nicht zu erörtern; festzuhalten ist nur: Die unterstellte Behandlungspflicht gibt Anlass zu Angst und Sorge; und die Patientenverfügung scheint eine dem Einzelnen mögliche Vorsorge zu sein.

Ist eine Behandlung nach den Regeln ärztlicher Kunst garantiert?

Berichte über unterlassene Schmerzbehandlung in Krankenhäusern, über Behandlungsfehler in Kliniken schaffen Besorgnis und einen gewissen Vertrauensverlust in der Bevölkerung. Das hat auf der gesetzgeberischen Ebene etwa dazu geführt, die Patientenrechte in Kliniken, aber auch gegenüber Ärzten zu stärken. Patienten haben in Deutschland das Recht, eine ärztliche Behandlung und pflegerische Begleitung zu erfahren, die Schmerzen lindert, Beschwerden vermeidet und auch ein friedvolles Sterben ermöglicht. Offenbar haben viele Menschen Sorge darum, dass dieser (häufig auch als solcher unbekannte) Rechtsanspruch nicht eingelöst werden wird und legen in Vorsorgemaßnahmen nieder, dass sie etwa eine ausreichende Schmerztherapie erwarten und verlangen. Freilich sind die Ärzte bei einer kunstgerechten Therapie standesrechtlich ohnedies dazu verpflichtet. Patientenverfügungen erinnern also in gewisser Weise an Standespflichten und lassen sich interpretieren als Vorsorge oder Bekräftigungsakte, nach diesen Regeln mir gegenüber als Patient zu handeln oder aber dafür Sorge zu tragen, etwa als Angehöriger oder Bevollmächtigter, dass eine entsprechende (im modernen Sprachgebrauch: „qualitätsgesicherte") Behandlung durchgesetzt wird. Auch die Sorge, dass mit mir nicht kunstgerecht umgegangen wird, gibt Anlass für Vorsorgemaßnahmen.

Lebenswertes Leben?

Die Vorstellung, einmal dement zu werden, sich nicht mehr zivilisiert benehmen zu können und seine Würde zu verlieren, beschäftigt in Zeiten der massenhaften Verbreitung von Demenz im Alter viele Menschen. Sie können sich ein solches Leben nicht vorstellen und möchten lieber tot sein. So hat auch der wichtige Reformer der Kinderpsychiatrie, Bruno Bettelheim, nach Bekanntwerden einer entsprechenden Diagnose sich in dem Altenheim, in dem er bereits lebte, das Leben genommen – gerade er, der sich zeitlebens gegen die potentielle Unmenschlichkeit und Unwirtlichkeit von Institutionen eingesetzt hatte. So manche als Leitbilder fungierende Persönlichkeiten des öffentlichen Lebens bekunden in ähnlicher Weise, dass sie so nicht leben möchten und wie Sigmund Freud ärztliche Hilfe wünschten, um aus dem Leben gehen zu können. Auch die vielen und breit berichteten Missstände in deutschen Pflegeheimen ängstigen ältere Menschen, besonders Alleinstehende: So möchten wir nicht enden, sagen sie sich: Einem befürchteten Martyrium am Ende des Lebens wollen sie einen schnellen Tod vorziehen. Und sind es nicht auch negative Klischees und Bilder vom hohen Alter – nämlich die einer von Jugendlichkeit geprägten Gesellschaft, die auch die „jungen Alten" erfasst hat –, die für den „modernen" Menschen ein Leben in Abhängigkeit und verbunden mit körperlichen und geistigen Einschränkungen nicht als lebenswert erscheinen lassen? Groß ist die Zustimmung in der Bevölkerung zur aktiven Euthanasie, und in Holland ist sie – erschreckende? – Realität. Damit wird auch deutlich: Die Diskussion um Patientenverfügungen und Vorsorgevollmachten steht auch im Zusammenhang mit der Diskussion um lebenswertes und nicht mehr lebenswertes Leben.

Rechtliche Vorsorgemöglichkeiten

Vorsorgen, dass Lebensstil, Glaube und Autonomie auch dann gesichert und respektiert werden, wenn man selbst nicht mehr entscheiden kann, das ist vielen Menschen heute wichtig geworden. In gesundheitlichen Fragen steht hier die *Patientenverfügung,* oft fälschlicherweise „Patiententestament" genannt, im Vordergrund. Sie ist am populärsten – auch wenn damit noch nichts über ihre Wirksamkeit gesagt ist. Sie ist aber nur *eine* Vorsorgeform. Neben sie treten andere: die *Vorsorgevollmacht*, die *Betreuungsverfügung* und die ebenfalls nicht außer Acht zu lassende Verfügung über den Umgang mit Organen – die *Organspendeverfügung*. Die juristische Einschätzung und Bewertung der Verfügungen und Vollmachten fällt je unterschiedlich aus, die Reichweite der genannten Vorsorgemaßnahmen ist ebenfalls nicht identisch. So viel aber schon vorab: Möchte man auf dem schriftlichen Wege juristisch verbindliche Vorsorgemaßnahmen treffen, so empfehlen sich Kombinationen zwischen den genannten Verfügungen und der Vollmacht, die im Folgenden näher erläutert werden sollen.

Patientenverfügung

Eine Patientenverfügung wird mit dem Ziel aufgesetzt und unterzeichnet, dass auch dann, wenn ich als Patient nicht mehr in der Lage bin, selbst zu entscheiden, mein früher geäußerter Wille respektiert und befolgt wird. Eine Patientenverfügung ist gewissermaßen ein in die Zukunft hinein verlängerter Wille für den Fall, dass ich selbst nicht mehr entscheiden kann. Die Juristen sprechen hier vom so genannten „mutmaßlichen Willen" (einer Rechtsfigur, die aus dem Strafrecht stammt). Diese Rechtsfigur dient im Strafrecht dazu, etwa einen Arzt vom Vorwurf der Rechtswidrigkeit einer Heilbehandlung freizusprechen, wenn er z. B. in akuten Notsituationen ohne aktuelle Einwilligung des Patienten, aber doch dem vermuteten Willen folgend, gehandelt hat: etwa eine Operation durchgeführt oder eine intensivmedizinische Therapie begonnen hat. Die Rechtsfigur des „mutmaßlichen Willens" wird nun auch über das Strafrecht hinaus benutzt, um dem „verlängerten Willen" einen rechtlichen Namen und damit Verbindlichkeit zu geben. Äußern etwa Mitglieder der Glaubensgemeinschaft der Zeugen Jehovas in einer Patientenverfügung eindeutig, dass sie keine Therapie mit Bluttransfusion wünschen, da dies ihrem Glauben widersprechen und sie aus der Glaubensgemeinschaft ausschließen würde, so ist dieser in einer Patientenverfügung in die Zukunft hinein verlängerte Wille auch für die behandelnden Ärzte grundsätzlich verbindlich.

Lehnt ein Patient in gesunden Tagen in jedem Fall die Ernährung über eine operativ gelegte Magen-Dauersonde (PEG-Sonde) ab (s. Seite 46 ff.), so wird man zunächst einmal diesen in die Zukunft hinein verlängerten Willen zu respektieren haben. Je konkreter die Willensäußerung, sowohl bezogen auf die ärztliche Behandlungsmaßnahme als auch bezogen auf die vor Augen stehende Erkrankung, desto höhere Verbindlichkeit kann eine entsprechende Willensäußerung erlangen, desto stärker wird eine entsprechende Patientenverfügung die behandelnden Ärzte binden. Je allgemeiner die Äußerungen, je abstrakter die Beschreibung des Willens, desto geringer die Aussagekraft und Bindungswirkung entsprechender Erklärungen. Nur wenn sich der künftige Patient konkret mit möglicher Erkrankung und in Frage kommenden Therapien auseinander gesetzt hat, wird man den hierauf bauenden Willen und die abgegebene Willenserklärung als in jedem Fall bindende Verfügung interpretieren können und dürfen. Damit ist nicht gemeint, man solle sich in jedem Fall zu allen möglichen in Betracht kommenden Situationen äußern, womöglich noch in einer langen Liste mit Ankreuzmöglichkeiten. Sinn macht freilich die Auseinandersetzung mit dem spezifischen eigenen Risikoprofil und den möglicherweise drohenden Erkrankungen oder bekannt gewordenen Diagnosen. Vor diesem Hintergrund begegnet etwa die von den Kirchen empfohlene christliche Patientenverfügung und ihre sehr vage Umschreibung nicht gewünschter und damit abgelehnter Heilbehandlungsmaßnahmen Bedenken hinsichtlich ihrer Tragweite. In einer Patientenverfügung sollte zum Ausdruck kommen, welche Werte und weltanschaulichen Überzeugungen für den Unterzeichner einer Verfügung hohe Verbindlichkeit haben, welche konkreten Behandlungsmaßnahmen in welchen Situationen er nicht wünscht, und in welchen Situationen bzw. unter welchen Umständen er ein Weiterleben nicht wünscht und ein Sterben in Kauf nimmt bzw. eine Verlängerung des Lebens ablehnt. Dies setzt eine Auseinandersetzung – auch und gerade mit der potentiell eigenen gesundheitlichen Entwicklung und dem eigenen Risikoprofil einerseits und den eigenen weltanschaulichen Überzeugungen andererseits voraus.

In einer solchen Auseinandersetzung mag man auf der einen Seite eine positive Chance sehen, sich bewusst mit Fragen des Lebensendes zu beschäftigen – und dies möglichst nicht allein, sondern mit einem nahen Menschen und Menschen, die einen in gesundheitlichen Krisen und am Ende des Lebens begleiten. Hierin – dass diese Auseinandersetzung dem Einzelnen abverlangt wird – liegt aber auch eine gewisse Zumutung der Moderne: Sie macht auch das Sterben und den Tod zumindest gedanklich dem Einzelnen zur Gestaltungsaufgabe – und in begrenzter Weise verfügbar. Es gilt nicht mehr der Satz aus dem Neuen Testament „Für mich ist gesorgt", sondern: *Du hast vorzusorgen.*

In der ärztlichen Praxis und im Alltag von Klinik, hausärztlicher Versorgung und Pflegeheim bleibt die Frage: Wie verbindlich ist nun eine Patientenverfügung, der „verlängerte Wille", juristisch gesprochen: der „mutmaßliche Wille"?

Empirische Untersuchungen für die Vergangenheit lassen erkennen: Die wenigsten behandelnden Ärzte und Pflegekräfte haben sich bisher an entsprechende Verfügungen gehalten. Oftmals wird der Eid des Hippokrates als für die Ärzte in jedem Fall verbindliche ethische Leitlinie angeführt, der auch durch eine Patientenverfügung, d. h. durch den Willen des Betroffenen, nicht gebrochen werden dürfe. Dies aber ist im Eid des Hippokrates gar nicht vorgesehen. Auch juristisch gesprochen ist dies nicht richtig: Die Ärzte sind wie alle Bürger an die Verfassung, an die Grundrechte aus dem Grundgesetz gebunden, die die freie Entfaltung der Persönlichkeit und die Entscheidungsfreiheit des Betroffenen grundsätzlich über die Handlungsprinzipien des Arztes stellt, so sie nicht ohnedies der Selbstbestimmung des Patienten dienen. Im Wertekonflikt zwischen Erhalt des

Lebens und Achtung des freien Willens geht der freie Wille des Patienten so lange vor, wie das Strafrecht dem Arzt keine Grenzen setzt. *Tötung auf Verlangen etwa ist gem. § 216 StGB verboten und unter Strafe gestellt, eine Pflicht zur Behandlung oder dazu, sich behandeln zu lassen, existiert im deutschen Recht hingegen – bis auf wenige Ausnahmen – nicht.*

Die Rechtsprechung hat hier in den letzten Jahren einige Klarheit geschaffen, und auch die Richtlinien der Bundesärztekammer zur Sterbebegleitung geben den Ärzten mehr Sicherheit, wenn sie einem eindeutig niedergelegten und geäußerten Patientenwillen Folge leisten. Nicht selten liegt es an Unsicherheit und der Befürchtung, im Nachhinein strafrechtlich zur Verantwortung gezogen zu werden, wenn Arzt oder Pflegekraft dem Willen des Patienten nicht Folge leisten. Fast alle Verfahren, die in den letzten Jahren vor den Gerichten verhandelt wurden, sind dadurch veranlasst worden, dass Ärzte aus Angst, strafrechtlich verfolgt zu werden, lebensverlängernd behandelt haben und eine juristische Klärung veranlassten, ob und inwieweit geäußerter Patientenwille maßgeblich sein kann oder nicht. Die wichtigen Entscheidungen des Bundesgerichtshofes aus dem Jahre 1994 und die Richtlinien der Bundesärztekammer aus dem Jahre 1999 haben manche Unsicherheit beendet: Ist der Patientenwille klar geäußert, bezieht er sich bei Patientenverfügungen konkret auf die später eingetretene Situation und sind auch keine Anzeichen erkennbar, dass eine Willensänderung eingetreten ist, so bleibt der Arzt zumindest straffrei, wenn er eine Behandlung unterbricht oder abbricht (siehe hierzu auch Kap. IV).

Mit diesen straf- und standesrechtlichen Klärungen wurde zumindest ein Anfang gemacht. Aber es bleibt die Frage offen: Wie verbindlich ist der verlängerte Wille und wie verbindlich soll er sein? Patientenverfügungen sind, wie eingangs ausführlich geschildert, häufig von ganz anderen Motiven und Anlässen gespeist, vielleicht auch mit Ängsten verbunden, gepaart mit nicht mit den bisherigen Lebensvorstellungen zu vereinbarenden Bildern von Krankheit und Behinderung. Bilder von der Intensivmedizin schrecken uns, und gleichzeitig lassen uns Berichte von Patienten aus der Intensivmedizin wissen, dass sie selbst es nicht als so schrecklich empfunden haben, wie die Bilder etwa es vermuten lassen und Angehörige es erlebt haben (s. Seite 78 ff.). Oder: Zwar kann sich kaum einer ein Leben mit einer „senilen Demenz vom Alzheimertyp" vorstellen. Die Demenzforschung lehrt uns heute aber, dass für die Demenzkranken selber das Erleben ihrer Erkrankung keineswegs als so unerträglich erscheint, wie es Menschen in gesunden Tagen vorkommen mag (s. Seite 87 ff.). Beim Verfassen von Patientenverfügungen sollte daher stets mitbedacht werden, dass es sich bei dem, vor dem ich mich durch Vorsorge schützen will, auch um qualitativ ganz andere Seinszustände und andere Dimensionen des Lebens handeln kann, für die ich in jüngeren Jahren, aber auch im hohen Alter meist keinen positiven Zugang finden kann. Patientenverfügungen, die aus Angst vor unwürdiger Behandlung, vor falscher Therapie, vor Schmerzen verfasst werden, beziehen sich, bedauerlicherweise häufig berechtigt, auf eine unzureichende Versorgungssituation und Qualitätsmängel in Therapie, Behandlung und Pflege. Patientenverfügungen sind eine nachvollziehbare Reaktion hierauf. Trotzdem ist Vorsicht am Platz. Wenn etwa auf die Berichte über die Skandale in Münchener Pflegeheimen in der Öffentlichkeit die Bereitschaft, aktive Euthanasie zu akzeptieren oder zumindest Behandlungsabbrüche und das Unterlassen von lebenserhaltenden Maßnahmen, steigt, so ist dies zwar nachvollziehbar, aber nicht als kollektive Vorsorge wünsch- und hinnehmbar.

Individuell und bezogen auf die jeweilige Entscheidung (Heilbehandlung ja oder nein) muss der jeweilige Arzt, gemeinsam mit dem „Resonanzkörper des Willens des Patienten" – in der Regel den nahen Angehörigen, Freunden oder sonst vertrauten Personen – den mutmaßlichen Willen in der aktuellen Situation rekonstruieren. Er muss ihn sozusagen herauslesen, mit allen interpretatorischen Fähigkeiten, die den Fachleuten – und dazu gehören nicht nur die Ärzte – gegeben sind. Bei der Abfassung einer Patientenverfügung kann dies auch ausdrücklich formuliert werden: Etwa, indem verfügt wird, dass vor einer Entscheidung über einen Behandlungsabbruch oder über das Unterlassen lebenserhaltender und -verlängernder Heilbehandlungsmaßnahmen der behandelnde Arzt mit benannten Angehörigen und Freunden, ggf. einem Pfarrer oder Sozialarbeiter oder einem Mitglied einer Ethikkommission, das Gespräch sucht. In einer solchem Besprechung kann dann, im übrigen in einer für alle entlastenden Weise, eine gemeinsame Einschätzung gefunden werden, die dann in dieser oder jener Richtung eine Entscheidung im Sinne des Patienten treffen lässt. Ob und wann bei solchen Entscheidungen auch noch das Vormundschaftsgericht einzuschalten ist, soll an anderer Stelle erörtert werden.

Die Vorsorgevollmacht

Ganz anders als bei der Patientenverfügung handelt es sich bei einer Vorsorgevollmacht nicht (nur) um die Formulierung eines „in die Zukunft hinein verlängerten Willens", anders gesagt: um die Niederlegung des mutmaßlichen Willens. Es geht vielmehr darum, dass eine andere Person das Recht erhalten soll, für mich, für den Patienten, in verbindlicher Weise zu entscheiden. Der Bevollmächtigte vertritt den Patienten gegenüber den behandelnden Ärzten und Pflegekräften und hat die Rechtsmacht, für ihn zu entscheiden, solange er den Willen und das Wohl des Patienten verfolgt. Es war lange Zeit umstritten, ob diese ursprünglich nur für Rechtsgeschäfte, etwa für den Kauf einer Sache, den Abschluss eines Vertrages oder als Geschäftsbesorgung vorgesehene Vertretung auch für in hohem Maße persönliche Angelegenheiten, wie für die Heilbehandlung, möglich sein soll. Ohne dass in der Rechtswissenschaft hier alle offenen Fragen geklärt wurden, hat der Gesetzgeber mit der Änderung des Betreuungsrechts entschieden: Die Bevollmächtigung und Vertretung in Fragen der Heilbehandlung ist möglich. Damit ist es in Deutschland möglich, dass man eine oder mehrere Personen für den Fall bevollmächtigen kann, dass man selbst nicht mehr entscheiden kann, Entscheidungen in Heilbehandlungsangelegenheiten in seinem Namen zu treffen. Dabei sollte er sinnvollerweise die Bevollmächtigten genau darüber unterrichten, wie er sich die Vertretung wünscht. Eine Frau, die sich ein Leben lang hat homöopathisch behandeln lassen, wird es nicht als in ihrem Sinne gehandelt empfinden, wenn der Bevollmächtigte sie künftig einer rein schulmedizinischen Behandlung anvertraut. Ein badischer Winzer wird ebenso wenig wie ein bayerischer Biergartengast akzeptieren wollen, dass er ohne medizinische Notwendigkeit auf jeglichen Wein- bzw. Biergenuss verzichten soll. Der Vollmachtgeber hat also die Möglichkeit, aber auch die Pflicht, in eigenen Angelegenheiten dafür Sorge zu tragen, dass der Bevollmächtigte möglichst detailliert über seine Wünsche informiert ist, darüber, welche Lebensgewohnheiten in besonderer Weise zu beachten und welche Aspekte bei der Heilbehandlung besonders zu berücksichtigen sind.

Die Vollmacht reicht wesentlich weiter als die Patientenverfügung, da der Bevollmächtigte nicht nur an den mutmaßlichen Willen gebunden ist, sondern die Entscheidung für den Betroffenen selbst fällen kann. Er kann hierbei nicht nur an die ggf. eingehend niedergelegten Referenzen und Wünsche gebunden, sondern auch auf bestimmte Vorgehensweisen verpflichtet werden. So kann auch hier der Bevollmächtigte aufgefordert werden, vor Fragen des Behandlungsabbruches eine Art Konferenz abzuhalten, um eine möglichst gut begründete und durchdachte Entscheidung zu treffen. Dies wird auch den Bevollmächtigen selbst entlasten. Die Vollmacht kann auch an mehrere Personen gemeinsam gegeben werden mit der Maßgabe, dass sie in lebensentscheidenden Fragen nur von allen gemeinsam – etwa allen Geschwistern, Partner, Sohn und Tochter – ausgeübt werden kann.

Der Gesetzgeber hat mit dem 1. Betreuungsrechtsänderungsgesetz 1999 die Vorsorgevollmacht deutlich aufgewertet. Er ist darum bemüht, dass möglichst viele Bundesbürger eine derartige Vorsorgevollmacht aufsetzen, auch um die andernfalls im Bedarfsfall erforderlichen gesetzlichen Betreuungen überflüssig zu machen.

Wer keine Vorsorgevollmacht verfasst und keinen Bevollmächtigten benannt hat, für den muss für den Fall, dass er selber nicht mehr entscheiden kann, in der Regel ein gesetzlicher Betreuer bestellt werden. Dies ist sowohl mit einem relativ hohen verfahrensrechtlichen Aufwand als auch mit Kosten und schließlich mit Eingriffen in die Familienautonomie verbunden. Soll eine Vorsorgevollmacht auch die Fragen der Heilbehandlung umfassen, so muss dies ausdrücklich formuliert werden: Eine so genannte „Generalvollmacht" reicht hierfür nicht aus. *Steht eine in hohem Maße risikoreiche Heilbehandlung an, über deren Sinnhaftigkeit und Risikoeinschätzung keine eindeutige Entscheidung getroffen werden kann, oder ist die Heilbehandlung mit schweren und nachhaltigen Gesundheitseinschränkungen oder körperlichen Veränderungen verbunden, etwa im Falle einer Amputation, so hat auch der Bevollmächtigte wie ein gesetzlicher Betreuer die Genehmigung des Vormundschaftsgerichtes für diese Heilbehandlung einzuholen.* Damit soll weniger eine Kontrolle sichergestellt werden, als vielmehr dem Betreuer eine Art entlastende Legitimationsinstanz angeboten werden, die seine Entscheidung mit überprüft und mitträgt.

Die behandelnden Ärzte sind jeweils an die Entscheidung des Bevollmächtigen gebunden. Sie müssen grundsätzlich den Entscheidungen des Bevollmächtigten Folge leisten. Sehen sie aber das Wohl des Patienten durch die Entscheidung des Bevollmächtigten gefährdet, sind sie oder auch (andere) Angehörige etwa der Meinung, dass der Bevollmächtigte in seinem Interesse, aber nicht im Interesse des Patienten handelt, so kann und muss ggf. das Vormundschaftsgericht angerufen werden, damit dem Bevollmächtigten entweder ein so genannter „Kontrollbetreuer" zur Seite gestellt oder aber anstelle des Bevollmächtigten ein Betreuer bestellt wird.

Eine Bevollmächtigung kann unentgeltlich und entgeltlich als Geschäftsbesorgung vorgesehen werden. In dem einen Fall kann der Bevollmächtigte einen Auslagenersatz vom Betroffenen verlangen, im anderen Fall ein in der Vollmacht festgelegtes Entgelt verlangen.

Sinnvollerweise wird eine Vorsorgevollmacht frühzeitig formuliert, ohne konkreten Bezug zu einer Erkrankung. Geschieht dies, besteht aber die „Gefahr", dass die Vollmacht sofort genutzt werden kann. So kann sich der Vollmachtgeber urplötzlich einer Entscheidung seines Bevollmächtigten ausgesetzt sehen, der irgend etwas für ihn entschieden hat. Dass es dann um das Vertrauensverhältnis nicht mehr zum Besten gestellt sein dürfte und die Vollmacht widerrufen würde, versteht sich von selbst. Ein solcher Widerruf kann jederzeit geschehen.

Man kann einem vorzeitigen Gebrauch der Vollmacht auch dadurch vorbeugen, dass man die Vollmacht hinterlegt und ihre Wirksamkeit erst für einen ärztlich bestätigten Fall fehlender Einsichts- und Einwilligungsfähigkeit bestimmt. Eine solche, durchaus mögliche Vorgehensweise hat mit der Konsequenz zu „kämpfen", dass in einer plötzlichen Notlage, etwa nach einem Unfall, der Bevollmächtigte in der Regel nicht gleich handlungsfähig ist, da ein Arzt noch nicht über die Einwilligungsunfähigkeit des Patienten entschieden hat und die Vollmacht nicht unverzüglich aus der Hinterlegung freigegeben wird. Der Bevollmächtigte wäre genau dann, wenn es auf seine Vollmachtstellung ankommt, nicht handlungsfähig. Von daher sollte im so genannten Innenverhältnis, d.h. im Verhältnis von Vollmachtgeber zu Vollmachtnehmer, geklärt sein, wann der Bevollmächtigte handeln darf und wann nicht. Nach außen hin aber sollte im Bedarfsfall die Vollmacht jederzeit einsetzbar sein.

Die Bevollmächtigung von Angehörigen oder Freunden ist beides: auf der einen Seite Vertrauensbeweis, auf der anderen Seite aber auch Zumutung. Der Bevollmächtigte entscheidet für seinen Partner, für seine Angehörigen, für Freund oder Freundin. Bei diesen Entscheidungen handelt es sich nicht nur um alltägliche Angelegenheiten, sondern im Kontext der Fragen um die Patientenverfügung um sehr existenzielle und essenzielle Fragen. Der Bevollmächtigte sollte daher zu dieser Aufgabe bereit sein und sich gut auf sie vorbereitet fühlen. Die Beziehung zwischen Vollmachtgeber und Vollmachtnehmer, wie es juristisch heißt, sollte von Vertrauen getragen sein. Auch sollte der Bevollmächtigte nicht in die Einsamkeit der Entscheidung für mich geschickt werden, sondern es sollten ihm von vornherein Möglichkeiten dafür angeboten werden, wie er sich Sicherheit und Entlastung in sehr weit reichenden Entscheidungen verschaffen kann. Die schon genannte Beratungskonferenz oder die Beratschlagung mit anderen benannten Personen beschreiben solche Entlastungsmöglichkeiten.

Im Übrigen ist ein Bevollmächtigter nicht verpflichtet, eine Vollmacht auch anzunehmen. Will er die Vertretung nicht übernehmen oder sieht er sich ihr nicht gewachsen, so sollte er dies dem Vollmachtgeber auch mitteilen. Kann er dies nicht, etwa, da der Vertretungsfall bereits eingetreten ist und der Betroffene selber nicht mehr entscheiden kann, sollte er das Vormundschaftsgericht informieren, damit ggf. ein gesetzlicher Betreuer bestellt werden kann.

Kann eine Person aufgrund einer Behinderung oder wegen einer psychischen Krankheit ihre Angelegenheiten ganz oder teilweise nicht mehr besorgen, ist ihr, so weit es erforderlich ist, ein (gesetzlicher) Betreuer zu bestellen. Dieser hat die Aufgabe, die Angelegenheiten, für die er bestellt wurde, so zu besorgen, wie es dem Wohl und den Interessen des Betreuten entspricht. Er hat dabei in besonderer Weise die Wünsche und Interessen des Betroffenen zu respektieren, zu achten und zu befolgen. So beschreibt der Gesetzgeber im Betreuungsrecht, in den §§ 1896 ff. BGB, die Aufgaben des (gesetzlichen) Betreuers, der vom Vormundschaftsgericht eingesetzt, von ihm kontrolliert und von Betreuungsvereinen und -behörden beraten wird.

Betreuer sind in der Regel Angehörige oder freiwillig und ehrenamtlich tätige Bürger. Es können aber auch Berufsbetreuer, die, wie die Sozialarbeiter und Anwälte, im Rahmen ihrer Berufstätigkeit die gesetzliche Betreuung für Behinderte und Kranke übernehmen, bestellt werden. Dies ist der Fall und dann, aber auch nur dann, erforderlich, wenn die Betreuung mit erheblichen Fachkenntnissen und Kompetenzen im Umgang mit den Personen verbunden ist, die von Angehörigen und Ehrenamtlichen in der Regel nicht erwartet werden können. Werden Berufsbetreuer eingesetzt, so ist dies mit einigen Kosten verbunden. Denn diese werden, wenn auch sehr bescheiden, so aber doch vergolten, in der Regel mit etwa 60 DM pro Stunde. Ehrenamtlich tätige Betreuer dagegen erhalten lediglich eine Aufwandspauschale von im Jahr derzeit 600 DM. Das Gericht bestellt sie für Aufgabenkreise, in denen der Betroffene selber nicht mehr entscheiden kann und für die keine Vollmacht bestellt wurde oder werden konnte.

Bei der Bestellung des Betreuers hat das Gericht in der Regel den Vorschlägen der Betroffenen zu folgen. Es wird in aller Regel denjenigen zum Betreuer bestellen, der vom Betroffenen benannt wurde. Der Betreuer wiederum ist an diese schriftlich niedergelegten Wünsche, wie die Betreuung zu führen ist, gebunden.

Genauso wie beim Bevollmächtigten kann man genau niederlegen, wie der gesetzliche Betreuer für einen handeln und entscheiden soll. Grenzen sind einerseits durch die Rechtsordnung gesetzt (der Betreuer kann nicht zur Begehung von Straftaten verpflichtet werden). Es sind aber auch Grenzen der Zumutbarkeit gesetzt. Dies trifft zu, wenn es dem gesetzlichen Betreuer etwa persönlich nicht zumutbar ist, eine bestimmte Entscheidung zu treffen oder eine Angelegenheit so, wie vom Betroffenen gewünscht, zu besorgen. Der gesetzliche Betreuer ist bei allem im Rahmen seines staatlich vermittelten Amtes in „privaten Angelegenheiten" auf die rechtliche Betreuung beschränkt. Ihm obliegt also nicht die tatsächliche Betreuung, etwa die Pflege und Begleitung eines behinderten oder kranken Menschen.

Durch eine Betreuungsverfügung kann darauf Einfluss genommen werden, wer Betreuer wird und wie die Betreuung wahrgenommen wird. Über den Umfang der Betreuung, über die Angelegenheiten, die es zu besorgen gilt sowie über die Art und Weise der Rechenschaftspflicht und der Vergütung kann in einer Betreuungsverfügung nichts ausgesagt werden: Hier greifen gesetzliche Regelungen. Diese sind unter ökonomischen Gesichtspunkten seit der Rechtsänderung im Jahre 1999 für den Betroffenen, aber auch seine Erben, recht unattraktiv geworden. Die Aufwendungen für den gesetzlichen Betreuer, so sie aus der Staatskasse bezahlt wurden, müssen nämlich für die letzten 10 Jahre aus dem Vermögen bzw. der Erbschaft des Betroffenen zurückgezahlt werden. Allein diese mit einer gesetzlichen Betreuung verbundene finanzielle Hypothek lässt eine Vorsorgevollmacht als ggf. preisgünstigere Lösung erscheinen.

Wegen dieser finanziell belastenden Regelungen sollte aber das Betreuungsrecht nicht insgesamt diskreditiert werden. Es gehört zu den weltweit vorbildlichsten Regelungswerken, soweit es um den Schutz der Freiheitsrechte und der Autonomie von behinderten und kranken Menschen geht. Dabei hängt in der Praxis viel, wenn nicht alles davon ab, wie die jeweiligen gesetzlichen Betreuer ihre Aufgaben wahrnehmen und wie sie von den Gerichten dabei begleitet werden. Dies ist von Region zu Region, von Amtsgericht zu Amtsgericht und von Person zu Person in hohem Maße unterschiedlich. Umso wichtiger ist es, dass Menschen auch hier Vorsorge treffen und Personen benennen, die die Betreuung führen sollen und Wünsche äußern, *wie* diese Personen die Betreuung führen sollen. Die Kombination einer Vorsorgevollmacht mit einer Betreuungsverfügung erscheint sehr sinnvoll, sowohl für den Fall, dass der Bevollmächtigte ausfällt, nicht bereit ist oder seine Aufgaben nicht in vorgegebener Weise wahrnimmt, oder aber auch für den Fall, dass aus rechtlichen Gründen die Vollmacht nicht mehr ausreicht und der Einsatz eines gesetzlichen Betreuers erforderlich wird. Dies ist z. B. dann der Fall, wenn die Wirksamkeit der Vollmacht angezweifelt wird, die Kontrolle durch das Vormundschaftsgericht angezeigt ist oder Interessenkollisionen zwischen Bevollmächtigtem und Betroffenem entstehen.

Organtransplantation

Das Transplantationsgesetz wurde 1997 verabschiedet. Es enthält Regelungen über die Organentnahme bei einem „toten" Patienten. Toten können nach der so genannten Widerspruchslösung Organe entnommen werden, wenn und soweit sie dem nicht schriftlich widersprochen haben und unter der Voraussetzung, dass ihre Angehörigen zustimmen. Möchte man die im Vorwege eindeutige Entscheidung treffen, etwa in dem Sinne, dass alle oder bestimmte Organe zur Transplantation freigegeben werden oder auch nicht, so empfiehlt es sich, eine entsprechende Verfügung zu treffen, die im Übrigen auch die Angehörigen entlasten kann: Es ist eine in keiner Weise angenehme Situation, unmittelbar verbunden mit der Nachricht eines Unfalls oder des plötzlichen Todes eines nahen Angehörigen mit der Frage konfrontiert zu werden, ob ihm Organe entnommen werden können oder nicht (s. Seite 111 ff.).

Die Gesetzeslage zwingt dazu, sich mit Fragen der Organtransplantation auseinander zu setzen und seine Position zu bestimmen. Andernfalls ist man der im Übrigen in hohem Maße umstrittenen gesetzlichen Regelung „ausgesetzt", die den Interessen der Organempfänger und ihrem jeweils bedrohten Leben Vorrang vor der körperlichen Integrität des sterbenden Menschen einräumt. Umstritten war und ist im Zusammenhang mit der Organtransplantationsregelung insbesondere die Vorverlegung des Todeszeitpunktes: Galt bisher der Herzstillstand als Todeszeitpunkt, so ist dies nach dem Transplantationsgesetz der Ausfall der Hirnfunktion. Der Herzstillstand muss also nicht eingetreten sein und kann auch durch entsprechende Maßnahmen hinausgeschoben werden, etwa um eine Organtransplantation zu ermöglichen. Umstritten sind die ethischen Fragen des Person-Seins und der Verfügbarkeit des menschlichen Körpers, die durch eine Umdefinition des Todeszeitpunktes erhöht wird.

Kombination

Will man rechtliche Vorsorge in Gesundheitsangelegenheiten treffen, so empfiehlt sich eine Kombination aus den genannten vier Verfügungen und Vollmachtsformen. Patientenverfügung, Vorsorgevollmacht, Betreuungsverfügung und eine Verfügung hinsichtlich der Organtransplantation können gemeinsam verfasst und aufeinander bezogen werden, so dies gewünscht wird. Eine solche Kombination erscheint sinnvoll, ändert freilich nichts an der jeweiligen rechtlichen

Eigenständigkeit der Vorsorgeform. Die Verfügungen bleiben in unterschiedlicher Weise verbindliche Willensäußerungen, die Wirkungen auch in der Zukunft entfalten, wenn sie nicht widerrufen wurden. Die Vertretung setzt den Vertreter in eine eigene Rechtsmacht, die er auch Dritten gegenüber in verbindlicher Weise ausüben kann und die durchaus mit der Rechtsstellung eines gesetzlichen Betreuers, wenn auch nicht in jeder Hinsicht, vergleichbar ist. Wie die Verfügungen und die Vollmacht ausgestaltet und formuliert werden, wie aus unserer Erfahrung am sinnvollsten vorgegangen wird, ist im Kapitel V nachzulesen.

II
Essen und Trinken hält Leib und Seele zusammen – Nahrungsverweigerung am Lebensende

„Er war immer ein Mann, der alles selbst regeln wollte. Deswegen ist diese Krankheit auch so schlimm für ihn.“ Besorgt schaut Frau Richter auf das Bett, in dem ihr 72-jähriger Mann reglos liegt. Nur mühsam reagiert er noch auf Ansprache, einsilbig, wenngleich sehr klar in seinen Äußerungen. Alles, das ganze Leben, scheint ihm unendliche Mühe zu machen. Sein Lungenkrebs ist erst seit einigen Monaten bekannt. „Sehr weit fortgeschritten“, hatten es die Ärzte vieldeutig genannt, und Erwin Richter hatte für sich daraus die Konsequenz gezogen: keine Therapie mehr. Er wollte nach Hause, um dort in Ruhe sein Leben zu beenden. Schlimm genug, wenn er von seiner Frau abhängig sein würde. Die Abhängigkeit von fremden Menschen war ihm, der als leitender Mitarbeiter eines großen Unternehmens stets das Sagen gehabt hatte, eine grausige Vorstellung. Kaum dass er stundenweise den Pflegedienst duldete. Am liebsten wäre ihm gewesen, wenn seine Frau allein ihn versorgt hätte.

Frau Richter hatte jetzt das Hospiz um Unterstützung gebeten, weil sie nicht wusste, wie sie mit der neuen Entwicklung umgehen sollte: Seit gestern verweigerte ihr Mann das Trinken. Ganz klar waren sein „Nein“ und der vor jeder Tasse zugepresste Mund. Dabei hatte der Hausarzt ihr doch eingeschärft, dass sie auf ausreichende Flüssigkeitszufuhr achten solle, damit er keine Nierenprobleme bekomme. – Aber jedes Mal, wenn er etwas trank, folgten schlimme Hustenattacken mit großen Mengen Schleim. Sie rissen ihn aus seinem Dahindämmern heraus, so als holten sie ihn jedes Mal wieder ins Leben zurück – in ein Leben, das ihm nicht mehr lebenswert erschien. Das Husten erinnerte ihn auch immer wieder daran, was der Hausarzt ihm an Befürchtungen mitgeteilt hatte: Bei seiner Art von Krebs könne es zu einem Erstickungstod kommen. Dieser Gedanke aber war unerträglich für ihn, wie das wohl für jeden Menschen in seiner Situation sein würde.

Als Frau Richter den Hausarzt angerufen hatte, um ihn zur Frage des Trinkens zu hören, hatte dieser zunächst geraten, eine Infusion anzulegen, um die Flüssigkeitszufuhr zu sichern. Denn anders, so seine Befürchtung, müsse Herr Richter verdursten. „Verhungern, das mag ja noch angehen; aber verdursten!" Frau Richter war alarmiert. Dass ihr Mann noch mehr leiden könnte, war eine erschreckende Vorstellung für sie. „Was soll ich nur tun?", fragte sie ratlos.

Die Frage, was zu tun ist, wenn ein Mensch am Lebensende, d. h. im Rahmen einer fortschreitend zum Tode führenden Erkrankung, nicht mehr essen und trinken kann oder will, stellt sich nicht wenigen Angehörigen. Nicht zuletzt durch die Neufassung der Empfehlungen der Bundesärztekammer zur Sterbebegleitung, aber ebenso durch ethische Diskussionen auf der Ebene der Europäischen Gemeinschaft ist auch in der Öffentlichkeit zunehmend die Frage aufgekommen, ob es nicht erlaubt werden müsse, das Leben schwerstkranker Menschen durch Unterbrechung der Nahrungs- und Flüssigkeitszufuhr zu verkürzen, wenn dieses Leben den Angehörigen und Pflegenden „unzumutbar" erscheint.

Auch hier gilt natürlich der Grundsatz, dass es nicht um die Frage der „Zumutbarkeit" für Dritte gehen kann, sondern in erster Linie darum, was der sterbende Mensch *wünscht* und was ethisch vertretbar ist. Aus medizinischer und rechtlicher Sicht stehen wir auf dem Standpunkt, dass eine

Beendigung der Flüssigkeitszufuhr grundsätzlich nur in einem der drei folgenden Fälle diskutiert werden sollte:

a) Willentliche Verweigerung ausreichender Flüssigkeitsmengen durch die Patientin bzw. den Patienten am Lebensende im Rahmen einer tödlichen Krankheit.
b) Nicht ausdrücklich beabsichtigte Verminderung der Flüssigkeitsaufnahme durch zunehmende Bewusstseinstrübung des sterbenskranken Menschen.
c) Unfähigkeit der sterbenden Patientin bzw. des sterbenden Patienten, Flüssigkeit zu sich zu nehmen aufgrund eines Verschlussprozesses (insbesondere eines Tumors) im Mund-, Rachen- oder Speiseröhrenbereich am Ende des Lebens.

Am unproblematischsten ist sowohl unter rechtlichen wie unter ethischen Aspekten die Situation a). Aus der Geschichte des Umganges mit Sterben und Tod in Europa wissen wir, dass im Mittelalter dieses Verhalten geradezu zum üblichen Sterberitual gehörte und Teil der „Kunst des Sterbens" war. Unter rechtlichen Aspekten muss bedacht werden, dass grundsätzlich jeder Eingriff in die körperliche Unversehrtheit der Patientin oder des Patienten durch Arzt oder Pflegekraft strafbar ist, sofern die Patientin oder der Patient dies nicht ausdrücklich autorisiert haben. Insofern *darf* nicht nur auf Infusionen oder Flüssigkeitszufuhr über eine Magensonde verzichtet werden, sondern es *muss* darauf verzichtet werden, wenn der kranke Mensch es wünscht. Leider wird gegen diese Regel in deutschen Krankenhäusern und Pflegeheimen noch unendlich oft verstoßen.

Auch die langsam abnehmende Flüssigkeits- und Nahrungszufuhr bei Patientinnen bzw. Patienten, deren Bewusstsein in der letzten Lebensphase eintrübt (Fall b), halten wir für einen sehr natürlichen Vorgang. (Dies setzt allerdings voraus, dass der sterbende Mensch nicht durch Beruhigungsmittel betäubt worden ist – eine Unsitte, die leider immer noch mancherorts in der letzten Lebensphase praktiziert wird.) Nach und nach werden sämtliche Körperfunktionen eingestellt, und damit benötigt die Patientin bzw. der Patient immer weniger Flüssigkeit und Nahrung. Wenn die Patientin bzw. der Patient nicht ausdrücklich etwas anderes zu Zeiten wachen Bewusstseins angeordnet hat, ist davon auszugehen, dass jetzt das Unterlassen jeder forcierten Flüssigkeitszufuhr seinem Willen und Interesse entspricht.

Die unter c) beschriebene Situation tritt in der Regel nicht plötzlich ein, sondern hat eine gewisse Vorlaufphase. Bei allen Patientinnen und Patienten, bei denen eine entsprechende Verschlusserkrankung zu befürchten ist, muss dies rechtzeitig angesprochen und in seinen Folgerungen mit der Patientin bzw. dem Patienten eingehend diskutiert werden. Die auf dieser Basis gefällte Entscheidung der Patientin / des Patienten muss in jedem Falle respektiert werden.

Wichtig ist festzuhalten, dass das „allmähliche Austrocknen" in dieser Lebensphase für Patientinnen und Patienten *durchaus nicht unangenehm* sein muss. Im Gegenteil: Nach allem, was an physiologischen Untersuchungen zu diesem Fragenkomplex bekannt ist, bewirkt die mit der Austrocknung einhergehende Blutsalz-Verschiebung in der Regel auch, dass die Schmerzschwelle angehoben wird und damit auf diese Weise sogar eine gewisse Schmerzstillung erreicht werden kann. Hinzu kommt, dass durch die Austrocknung die Gewebeschwellung um Tumoren oder um schlecht durchblutete Gebiete verringert wird und auf diese Weise Druckerscheinungen (auch dem Hirndruck) entgegengewirkt wird. Auch dies trägt dazu bei, dass die Patientin bzw. der Patient sich eher wohler fühlen wird.

Aus den Berichten von Menschen, die unfreiwillig an der Flüssigkeitsaufnahme gehindert wurden (z.B. bei Unglücksfällen in Wüstenregionen), wissen wir außerdem, dass bei zunehmender Austrocknung eher ein euphorischer Zustand eintritt, der sich unter Umständen auch in besonders schönen Traumerfahrungen äußert. Dies wird durch vermehrte Endorphinausschüttung (Glückshormone) erklärt. Diese vermehrte Endorphinausschüttung erklärt zusätzlich die beim Austrocknen beobachtbare Schmerzreduktion.

An weiteren „positiven" Effekten der Austrocknung für die Patientin bzw. den Patienten sind zu nennen:

- Reduktion der Urinmenge (seltenere Nutzung von Bettpfanne oder Urinal; vermeidet häufigen Vorlagenwechsel, erspart eventuell den Urinkatheter – also insgesamt weniger Belastungen für den Sterbenden);
- Reduktion der Magensekretion (vermindertes Erbrechen);
- Reduktion der Bronchialsekretion (vermindertes Husten; weniger Absaugen erforderlich).

Verhindert werden sollte auf jeden Fall, dass eine Patientin bzw. ein Patient, bei der bzw. bei dem die Austrocknung bereits weit vorangeschritten ist, plötzlich doch noch forciert mit Wasser „aufgefüllt" wird. Dies kann zu erheblichen Beschwerden, insbesondere zu schweren Schmerzzuständen führen. Eine einmal getroffene Entscheidung sollte daher nicht revidiert werden – es sei denn, die Patientin oder der Patient wünschen ausdrücklich etwas anderes.

Die einzig unangenehmen Begleiterscheinungen der Austrocknung sind die Trockenheitsgefühle im Bereich der Schleimhäute. Deshalb sollten nun möglichst all jene Medikamente abgesetzt werden, die die Mundtrockenheit verstärken können. (Hierzu gehört z. B. eine ganze Reihe von Psychopharmaka.) Vor allem aber ist es wichtig, dass die Patientin bzw. der Patient jetzt ganz besonders intensive Pflege erfährt. Hierzu gehört in erster Linie eine sorgfältige und sehr häufige Mundpflege, ggf. das Angebot, den Mund wiederholt zu spülen, das Lutschen von Eisstückchen, sofern das als angenehm empfunden wird, Einbringen von 1–2 ml Wasser alle 30–60 Minuten in die abhängige Partie des Mundes und Ähnliches. Oft wird von den betroffenen Menschen allerdings auch lange Zeit noch so viel Flüssigkeit aufgenommen, dass diese ausreicht, um die Mundschleimhäute feucht zu halten. Auch den Lippen sowie den Nasen- und Augenschleimhäuten muss vermehrte Aufmerksamkeit gewidmet werden, ebenso den Gehörgängen und den Anal- wie Sexualöffnungen. Dort muss durch geeignete Salben etwaigen Beschwerden in diesem Bereich vorgebeugt werden. Der Patientin bzw. dem Patienten nicht zwangsweise Flüssigkeit zuzuführen, darf auf keinen Fall gleichgesetzt werden mit „nichts mehr tun". Im Gegenteil, Patient und Familie müssen das Gefühl haben, dass die Fürsorge sich mit gleicher oder gar vermehrter Intensität fortsetzt.

Für viele Familienangehörige bedeutet die Beendigung der Flüssigkeitszufuhr eine erhebliche emotionale Belastung. Oftmals fühlen sie sich dem Sterbeprozess gegenüber ohnedies sehr hilflos. Nun wird ihnen auch noch die Möglichkeit genommen, Urformen der Fürsorge ausüben zu können. Nicht einmal mehr Nahrung und Flüssigkeit geben zu können, wird oftmals als Ende aller hilfreichen Beziehungsmöglichkeiten erlebt. In dieser Phase benötigen Angehörige deshalb kaum weniger Unterstützung als der Sterbende selbst. Ihnen die Möglichkeit zu geben, ihr „Nichthandeln" als fürsorglich zu erleben, ist eine wichtige Aufgabe der Begleitung. Zugleich müssen sie immer wieder die Möglichkeit bekommen, über die dabei entstehenden Gefühle offen und vertrauensvoll zu sprechen. Darüber hinaus ist es wichtig, mit ihnen Möglichkeiten zu entwickeln, sich auf anderen Wegen und vielleicht auch auf einer anderen Ebene fürsorglich dem Sterbenden zuzuwenden. – Und schließlich ist diese Phase des Zusammenlebens dann eben auch ein Schritt auf dem Weg zum endgültigen Abschied, jener Phase also, in der auf der körperlich-materiellen Ebene die Beziehung endet.

Mit Frau Richter wurde am Krankenbett im Beisein ihres Mannes über alle diese Fragen intensiv gesprochen. Sie verstand rasch, dass es für ihren Mann eine Lebens- und Sterbenserleichterung sein könnte, wenn er nicht mehr zum Trinken gezwungen wurde. Während dieses Gespräches entspannten sich die Gesichtszüge von Herrn Richter zunehmend. Wir deuteten es als ein Zeichen seiner Zustimmung zu unseren gemeinsamen Überlegungen. – Als wir über das Befeuchten von Mund und Lippen sprachen, erinnerte sich Frau Richter, dass ihr Mann in gesunden Tagen immer gerne eine Rotweinschorle getrunken hatte. Jetzt kam ihr der Gedanke, dass sie die Mundpflege mit diesem Lieblingsgetränk vornehmen könnte.

Herr Richter lebte noch über eine Woche. Sein Ende war sehr ruhig. Ohne Dramatik atmete er an einem Sonntagabend, während seine Frau gemeinsam mit den beiden erwachsenen Kindern an seinem Bett saß, ganz sanft ein letztes Mal aus. Es erleichterte Frau Richter die Zeit der Trauer, zu wissen, dass sie für ihren Mann alles getan hatte, was in ihren Kräften stand, um seinen Wünschen und seinem Lebenskonzept zu entsprechen.

Schwierig ist die Entscheidung zur Beendigung einer Flüssigkeitszufuhr immer dann, wenn der kranke Mensch bereits eine operativ gelegte Magen-Dauersonde (PEG-Sonde) trägt. Deshalb ist es wichtig, eine derartige Entscheidung im Bewusstsein der hieraus resultierenden Folgen zu treffen. Viel zu oft wird einem Todkranken, der nicht mehr „genügend" isst oder trinkt, ohne langes Nachdenken und ohne intensive Aufklärung über die ethischen Folgeprobleme eine PEG-Sonde angeboten. – Inwieweit die Beendigung einer PEG-Sondenernährung bei Menschen, die sich nicht mehr äußern können und vorher ihren Willen noch nicht niedergelegt haben, einer vormundschaftsgerichtlichen Genehmigung bedarf, ist in der Rechtsprechung derzeit umstritten.

Frau Pohlmann, eine energische 81-Jährige, litt an einem Kehlkopftumor, der erhebliche Schluckbeschwerden machte. Schon zweimal war sie in die Klinik eingewiesen worden, wo ihr eine operative Magensonde gelegt werden sollte. Beide Male hatte sie sich dort vehement gegen solch ein Vorhaben gewehrt. Beim dritten Mal hatte sie schließlich nachgegeben. In schrecklichsten Farben hatte man ihr das Verhungern und Verdursten ausgemalt. „Außerdem wusste ich ja schon, dass sie immer ganz unfreundlich wurden, wenn ich mich gegen die Operation wehrte", berichtete sie bei der Aufnahme in ein stationäres Hospiz. „Aber", fügte sie energisch hinzu, „ihr sollt die Magensonde auf keinen Fall benutzen!" Nach einem ausführlichen Gespräch mit der leitenden Schwester kamen beide schließlich überein, dass zwar ihre Medikamente über die Magensonde zugeführt werden sollten, sonst aber keinerlei Nahrung oder Flüssigkeit. Wider alle medizinische Wahrscheinlichkeit lebte Frau Pohlmann noch vier Wochen im Hospiz. Und sie genoss diese Zeit ganz offensichtlich. Wie oft hatte sie im Verlauf ihrer Krankheit, ja ihres ganzen Lebens erfahren müssen, dass ihre Wünsche missachtet wurden. Hier erlebte sie jetzt Respekt vor ihren Wünschen und zugleich eine intensive Pflege und Zuwendung, die ihrem Leben noch Wert und Würde gab und sie in friedvoller Atmosphäre sterben ließ.

Insgesamt lässt sich also sagen, dass das Kriterium für die Entscheidung, ob eine forcierte Flüssigkeitszufuhr in der letzten Lebensphase erfolgen soll oder nicht, im ausdrücklichen Willen des sterbenden Menschen liegt. Seine Wünsche zu achten, auch wenn uns dies unbequem erscheint, sichert ihm im Sterben seine Würde. Das Austrocknen eines Patienten in diesem Zusammenhang zuzulassen erfordert freilich ein hohes Maß an pflegerischem Können und einen besonders sensiblen Umgang mit den Angehörigen.

„Essen und Trinken hält Leib und Seele zusammen", sagt der Volksmund. Was aber ist, wenn beide, der Leib und die

Seele, sich trennen wollen, dieses „Zusammenhalten" gar nicht mehr gewünscht wird? Ist es dann nicht konsequent und richtig, auf das Element des Zusammenhaltes zu verzichten? – Aber die Entscheidung darüber sollte nicht bei uns liegen, sondern vom Sterbenden gefällt werden. Und wir kennen genügend schwerstkranke Menschen, denen gerade das Essen und Trinken noch einen Genuss verschafft, wenn andere Genüsse ihnen versagt werden. Das ist einer der guten Gründe dafür, dass die meisten stationären Hospize überall auf der Welt gerade auf gute, leicht bekömmliche und schmackhafte Kost größten Wert legen.

Ein ganz anderes Problem stellt die Frage der Sondenernährung bei Menschen dar, die sich in einem lang anhaltenden Zustand der Bewusstlosigkeit befinden, ohne an einer tödlichen Krankheit im engeren Sinne zu leiden. Auch hier ist es besonders wichtig, *vor* dem Legen der Sonde die erforderlichen ethischen, medizinischen und rechtlichen Konsequenzen gemeinsam mit den Angehörigen zu klären. (Näheres s. Seite 70 ff.)

Angst vor Schmerzen und Möglichkeiten der lindernden Therapie

Kaum einer der Formulierungsvorschläge für Patientenverfügungen verzichtet auf den Hinweis darauf, dass die Betroffenen in der letzten Lebensphase zwar auf lebensverlängernde Maßnahmen verzichten wollen, auf keinen Fall aber auf eine sorgsame Behandlung etwaiger Schmerzen. Und fragt man Menschen nach ihren größten Ängsten angesichts des Todes, wird als erstes meistens die Angst vor Schmerzen genannt. Die Sorge, im Sterben schwersten Schmerzen ausgeliefert zu sein, ist keineswegs unberechtigt. Viele Menschen, die an Krebs oder Aids leiden, müssen in der Tat in den letzten Monaten und Tagen ihres Lebens erhebliche Schmerzen ertragen. Dies hat weitgehende Auswirkungen: Ein Mensch, der unter Schmerzen leidet, ist in besonderer Weise auf seinen Körper zurückgeworfen. Er ist dazu gezwungen, sich ausschließlich mit diesem Körper zu beschäftigen. Dies entzieht ihm die Möglichkeit, anderes wahrzunehmen und sich auf andere einzulassen. Es macht ihn zur bloßen Kreatur und bedroht seine Würde als Mensch. Kein Wunder also, wenn Schmerzen als besonderer Angriff auf unsere Rechte am Lebensende angesehen werden.

Werner Fischer war knapp 70 Jahre alt, als er zum Sterben nach Hause kam, bereits deutlich von seiner Krebserkrankung gezeichnet. Ein erfülltes Leben mit viel Engagement für seine Arbeit als Architekt und voller Liebe für seine Familie lag hinter ihm. Mit großer Gelassenheit und Gottvertrauen hatte er bislang sein Leiden ertragen. Über sein Sterben konnte er offen sprechen, und er durfte in dem Bewusstsein leben, sein Haus wohl bestellt zu haben.

Jetzt aber hatte sich alles verändert – heftige Schmerzen waren aufgetreten. Schließlich hatten seine Beschwerden ein Ausmaß erreicht, das für ihn unerträglich geworden war. Das Sprechen fiel ihm schwer. Unruhig warf er den schwachen Körper in seinem Bett hin und her. „So geht das nun schon seit Wochen", klagte seine Frau einem schmerztherapeutisch besonders erfahrenen Arzt bei seinem ersten Besuch. Ihr Mann, der sonst so viel Ruhe ausstrahlte, hatte einen verzerrten Gesichtsausdruck. „Am liebsten würde ich mir mit einer Wasserflasche den Kopf einschlagen! Diese Schmerzen halte ich nicht mehr aus", presste er mühsam hervor. Kein Zweifel, er bot ein Bild des Jammers.

Es dauerte ein paar Stunden, ehe der Apotheker in dem kleinen Dorf die Rezeptur auf ärztliche Verordnung hin hergestellt hatte. Dann stand das kleine braune Medikamenten-Fläschchen endlich auf seinem Nachttisch. Zwanzig Minuten, nachdem er die erste Dosis eingenommen hatte, ließen die Schmerzen langsam nach; Müdigkeit stellte sich ein, sein Körper entspannte sich, und der Kranke verfiel in den lange vermissten Schlaf. – Die folgenden Tage war Werner Fischer sehr müde, fast benommen. Langsam aber kehrte sein volles Bewusstsein wieder zurück. Die alte Vitalität schien durchzuscheinen, die Freundlichkeit und Liebe dieses Mannes gaben seinen ausgemergelten Zügen eine besondere Art von Schönheit. – Drei Wochen später starb Werner Fischer. Der Tod trat ruhig in sein Haus und fand ihn umgeben von denen, die er liebte.

Achim Walter war erst 32 Jahre alt. Seit Jahren war die HIV-Infektion bei ihm bekannt. Nach zahlreichen schweren Infektionen und vielen strapaziösen Therapien hatte er jetzt einen klaren Entschluss gefasst: Er wollte nach Hause zurückkehren und der Krankheit ihren Lauf lassen. Er hatte das Glück, dass sein langjähriger Freund auch in dieser schwierigen Zeit zu ihm hielt und ihn bei seinem Vorhaben unterstützte. Seine Selbstständigkeit war Achim stets wichtig gewesen, und so zwang er sich auch jetzt immer noch, bis an die Grenzen seiner Kräfte zu gehen. Er wusch sich noch selbst, kleidete sich – wann immer möglich – mühsam selber an und ging sogar ab und an noch für kurze Zeit hinunter in den Garten.

Aber dann kam das, womit beide Freunde nicht mehr gerechnet hatten: Heftige Schmerzen überfielen den Kranken. Die bislang gelegentlich von ihm genutzten Schmerzmittel versagten. Er konnte sein Bett nicht mehr verlassen, fühlte sich hilflos und ausgeliefert. In einem abgedunkelten Raum lag er verkrampft in seinem Bett. „Ich bestehe nur noch aus Schmerz“, antwortete er dem Schmerztherapeuten auf die Frage nach dem Ort seiner Schmerzen. Die körperliche Untersuchung des schmerzkranken Mannes erwies sich als äußerst schwierig. Jede Bewegung, jede Berührung schien ihm weh zu tun. „So will ich nicht mehr leben“, stöhnte er mühsam.

Schon wenige Tage nachdem er begonnen hatte, das verordnete Schmerzmittel einzunehmen, war er wie umgewandelt. Aufrecht saß er im Bett, voller Aktivität, ja fast unternehmungslustig wirkend und bestand darauf, noch einmal hinunter in den Garten zu gehen – ein letztes Mal. Zwei Wochen später starb er, so wie er es sich gewünscht hatte: in den Armen seines Freundes.

Beide Menschen – Werner Fischer ebenso wie Achim Walter – konnten von einem der großen medizinischen Fortschritte unseres Jahrhunderts profitieren: der Schmerztherapie mit Morphin (das die Umgangssprache oftmals als „Morphium" bezeichnet). Dank der Verbesserung der Schmerztherapie in der zweiten Hälfte unseres Jahrhunderts ist es heute möglich, dass über 90 Prozent aller schmerzkranken Menschen in der letzten Lebensphase von ihren Schmerzen geheilt werden, und selbst bei den restlichen Kranken können die Schmerzen wenigstens gelindert werden.

Den meisten der sterbenskranken Menschen kann bereits mit der einfachen Methode der Morphin-Therapie geholfen werden. Diese segensreiche Behandlungsmethode ist in ihrer modernen Form wesentlich von dem englischen Pharmakologen und Arzt Dr. Robert Twycross bereits 1974 erstmals beschrieben worden.

Morphin gehörte damals schon längere Zeit zum schmerztherapeutischen Repertoire der Medizin. Bis dahin aber war es bei sterbenden Menschen meist in hoher Dosis gespritzt worden. Danach waren die Patienten dann zwar für viele Stunden schmerzfrei, aber auch bewusstlos oder wenigstens bewusstseinsgetrübt. Sie „verschliefen" gewissermaßen ihr Sterben. Wachten sie auf, wurden sie gewaschen und gefüttert, soweit die dann wieder heftig einsetzenden Schmerzen dies zuließen. Dann schließlich „erlöste" und betäubte sie wieder die Morphin-Spritze. Aus dieser Zeit stammt auch noch das Vorurteil, Morphin beschleunige den Sterbeprozess.

Twycross führte nun zwei neue Anwendungsprinzipien ein: Die eine Neuerung besteht darin, dass Morphin nicht mehr gespritzt, sondern über den Mund eingenommen wird („oral" gegeben wird, wie die Ärzte sagen). Dies erspart dem Patienten nicht nur den unangenehmen Einstich der Nadel. Es macht ihn zugleich auch unabhängig von der rechtzeitigen Gegenwart einer Person, die mit der Spritze umgehen kann. Außerdem entfaltet Morphin über den Mund eingenommen seine Wirkung „sanfter": Es flutet langsam an, nimmt die Schmerzen – aber betäubt nicht das Bewusstsein. Der Patient bleibt wach, kommunikations- und handlungsfähig. Dies gilt auch für extrem hohe Dosen (abgesehen von den ersten Tagen ihrer Anwendung).

Die andere Neuerung, die Twycross einführte, betrifft die Dosierung. Morphin wird nicht mehr „nach Bedarf" verabreicht, sondern gewissermaßen vorbeugend gegeben. Da man weiß, dass Morphin (wie jedes Medikament) einige Zeit nach der jeweiligen Einnahme in seiner Wirkung wieder nachlässt, würden zu dieser Zeit erneut Schmerzen auftreten. Der Patient würde also ängstlich von einer Dosis zur nächsten bangen, nach der nächsten Gabe „suchen" und wäre auf bestem Wege, eine Sucht zu entwickeln. Regelmäßig alle vier Stunden gegeben, also rechtzeitig vor Auftreten neuer Schmerzen, bleibt der betroffene Mensch dauerhaft schmerzfrei – und kann endlich entspannen. – Heute hat sich die Anwendung des Morphins weiter vereinfacht: durch spezielle Zubereitungsformen ist es gelungen, Präparate herzustellen (als Tabletten oder Lösungen), die den Wirkstoff derart verzögert abgeben, dass nach einer einmaligen Gabe die Wirkung 12 oder gar 24 Stunden anhält.

Ein wesentlicher Vorteil der von Twycross angegebenen Anwendungsform liegt auch darin, dass sie es dem Patienten leichter macht, zum Sterben nach Hause zurückzukehren. Die regelmäßige, vorbeugende Behandlung sterbender Menschen mit oralem Morphin bringt sie also auch zugleich dem Wunsch, zu Hause sterben zu können, entscheidend näher.

In den angelsächsischen Ländern hat sich diese Form der Schmerztherapie bei sterbenden Menschen rasch verbreitet und gehört dort seit langem zum klinischen Standard.

In der Bundesrepublik Deutschland hat diese segensreiche Methode nur langsam und zögernd Einzug in den klinischen Alltag gehalten. Zwar haben sich schmerztherapeutische Fachleute seit langem um die Einführung der Methode verdient gemacht. Dennoch besteht gerade bei niedergelassenen Ärzten große Zurückhaltung gegenüber Morphin. Fachleute schätzen gar, dass in der Bundesrepublik über 60 % aller schmerzkranken Patienten/-innen unzureichend schmerztherapeutisch behandelt werden.

Diese Zurückhaltung beruht vermutlich auf immer noch verbreiteten Vorurteilen dem Morphin gegenüber: Selbst Ärzte äußern bisweilen noch die Sorge, der Patient bzw. die Patientin könne „süchtig" werden. Nun wäre dies bei einem Menschen mit nur noch eng begrenzter Lebensspanne ohnedies wohl kaum ein gewichtiges Argument. Darüber hinaus hat sich aber gezeigt, dass Morphin, richtig angewendet, keineswegs süchtig macht. Sucht entsteht höchstens bei falscher Anwendung; z. B. bei einer Dosierung „nach Bedarf", oder wenn der Patient sich gar jede neue Dosis erbetteln muss. – Auch eine Beschleunigung des Sterbeprozesses durch Morphin ist in der Regel nicht zu befürchten.

Ein weiterer Grund für die Zurückhaltung bundesdeutscher Ärzte der Morphin-Anwendung gegenüber beruht sicherlich auch auf den Erfahrungen restriktiver Verschreibungs-Vorschriften durch den Gesetzgeber („Betäubungsmittel-Gesetz"). Daraus resultiert, dass nur ein recht bescheidener Prozentsatz aller Ärzte überhaupt über die vorgeschriebenen Rezeptformulare verfügt.

Tatsächlich können aber diese speziellen Rezeptformulare von jedem ausgebildeten Arzt in ausreichender Menge kostenlos beim Bundesgesundheitsamt angefordert werden. Außerdem sind mittlerweile die gesetzlichen Vorschriften derart gelockert worden, dass eigentlich keine formalen

Hindernisse mehr im Wege stehen, um schwerstkranken Menschen auch zu Hause die erforderliche Morphinmenge zu geben.

Die Möglichkeit einer angemessenen Schmerztherapie für sterbende Menschen ist also auch in der Bundesrepublik grundsätzlich vorhanden. Allerdings hapert es oftmals noch mit ihrer Realisierung. Hier sind deshalb alle Patienten/-innen zu eigener Initiative aufgefordert. Sie sollten sich bereits *in guten Tagen* danach erkundigen, ob ihr Hausarzt und die für sie zuständige Klinik über die nötigen Kenntnisse in der oralen Schmerztherapie mit Morphin verfügen, und bei der Auswahl des Arztes ihres Vertrauens durchaus *kritisch* sein. – Zusätzliche Hilfe für schmerzkranke Menschen gibt es mittlerweile in fast allen größeren Städten und insbesondere an großen Kliniken. Oftmals besteht dort (meist angegliedert an die Anästhesie-Abteilung) sogar eine spezielle *Schmerzambulanz,* die auch die Hausärzte in ihrem Bemühen um eine lindernde Therapie berät.

Die Nebenwirkungen von Morphin sind denkbar gering. Kein Wunder – schließlich ist es ja eine körperverwandte Substanz, die gut verträglich ist.

Die wenigen Nebenwirkungen sollten jedoch dem Sterbenden selbst ebenso wie seinen Angehörigen und ihren Helfern/-innen ausreichend bekannt sein: Wichtig zu wissen ist, dass jeder Patient durch Morphin stets eine *Verstopfung* entwickelt. (Eine Ausnahme bilden Menschen mit Aids, wenn sie unter starken Durchfällen leiden, oder Patienten mit künstlichem Darmausgang.) Deshalb muss vom ersten Tag der Morphingabe an ein ausreichend wirksames Abführmittel schon *vorbeugend* verabreicht werden (ehe es zur Verstopfung kommt!). Längere Stuhlverhaltungen dürfen keinesfalls mehrere Tage hintereinander hingenommen werden. Unter Umständen sind sogar Einläufe u. Ä. erforderlich. Die Verstopfung ist also wirklich ernst zu nehmen und kann unter Umständen schwerer zu behandeln sein als die Schmerzen.

Einige Patienten/-innen leiden außerdem – meist aber nur in der ersten Zeit der Behandlung – unter Übelkeit oder Erbrechen. Deshalb wird bei der Behandlung zu Hause anfangs tunlichst ein Gegenmittel vom Arzt mitverordnet.

Obgleich Morphin langfristig nicht müde macht, kommt es doch in den ersten Tagen der Behandlung, bis die Patientin bzw. der Patient sich an das Medikament gewöhnt hat, zu erheblicher Müdigkeit. Das Gleiche gilt für Dosiserhöhungen im Verlauf der Behandlung. In dieser Zeit ist es gut, wenn sich immer eine vertraute Person in der Nähe des Patienten befindet. Denn viele Patienten/-innen empfinden solche Müdigkeit als durchaus unangenehm. Manche Kranke fühlen sich dann hilflos und ausgeliefert und befürchten vielleicht sogar, dass diese Müdigkeit ein Zeichen für das unmittelbar bevorstehende Lebensende sei. Meist ist diese Phase aber bereits nach wenigen Tagen überstanden.

Bei manchen Schmerzformen muss die Basistherapie mit Morphin durch zusätzliche Gabe eines schwächer wirksamen Schmerzmittels ergänzt werden. (Bei bestimmten Knochenschmerzen hat sich z.B. die zusätzliche Einnahme von Acetyl-Salicylsäure, z. B. als Aspirin® allgemein bekannt, bewährt.) Aber dies sind schon ganz spezielle Fragen, über die der Hausarzt sich ebenso wie über die Morphin-Behandlung selbst aus entsprechenden schriftlichen Informationen kundig machen muss.

Zusammenfassend lässt sich also sagen, dass durch den richtigen Einsatz von Morphin, kombiniert mit einem Abführmittel und einem Medikament gegen Übelkeit, den meisten schmerzkranken Menschen in der letzten Lebensphase geholfen werden kann. Dies gilt natürlich nicht nur für Erwachsene, sondern ebenso für Kinder und Jugendliche. Die Höhe der Dosis wird der Schmerzstärke angepasst, denn bei Morphin gibt es zum Glück nahezu keine „Obergrenze" der Verträglichkeit.

Friedrich Kern gilt als schwierig. „Er hat Krebs im Endstadium; aber vor allem ist er schwierig“, so charakterisiert ihn die Stationsärztin, als sie ihn im stationären Bereich des Hospizes anmeldet. Und zu der ihm noch verbleibenden Lebensspanne meint sie: „Eher Tage als Wochen.“ Als eigenwillig charakterisiert den gelernten Werkzeugdreher auch seine Frau. „Aber schwierig ist er erst, seitdem er diese fürchterlichen Schmerzen hat.“ Ihn nach Hause zu nehmen, wie er sich das eigentlich wünscht, das traut sie sich nicht zu: sowohl wegen der Schmerzen als auch deshalb, weil er so „schwierig“ geworden ist.

Jetzt liegt er in dem kleinen Zimmer im Hospiz, ein Häufchen Elend, unzufriedenes Gesicht, das sich immer wieder verzerrt, wenn der Schmerz in Wellen seinen Körper überrollt. Ansonsten wirkt er apathisch, irgendwie schon weit weg, dem Tode ganz nahe mit seinem ausgemergelten Körper.

Es ist in der Tat sehr schwierig, seine Schmerzen zu lindern. Fast drei Tage dauert es, bis die Dosierung gefunden ist, die ihn von den physischen Qualen erlöst. Nicht weniger wichtig aber ist es, seinen schmerzenden Körper zu pflegen.

Nach einer Woche bereits denkt er daran, ob er nicht vielleicht noch einmal im Rollstuhl in den Garten gebracht werden kann. – 14 Tage später sitzt er aufrecht im Bett, diskutiert mit dem „Zivi“ über einen Fernsehfilm und hat auf der Bettdecke Prospekte von Kleinwagen ausgebreitet. „So etwas würde ich mir gerne noch einmal kaufen“, sinnt er. Der Rollstuhl reicht ihm ganz offenkundig nicht mehr.

Mit der Ehefrau sind längere Gespräche nötig. Schließlich willigt sie zögernd ein, ihren Mann noch einmal nach Hause zu nehmen, was er sich dringend wünschte, „aber nur für ein paar Tage. Und nur, wenn jemand vom ambulanten Hospiz nach uns schaut“.

Drei Monate später ist Friedrich Kern gestorben. Zu Hause. „Sehr friedlich“, wie Frau Kern erzählt, „und es war alles so einfach. Nur mit dem Kleinwagen, das hat nicht mehr geklappt.“

Wann sollte mit der Morphin-Anwendung begonnen werden? – Morphin ist als besonders wirksames Schmerzmittel natürlich keineswegs nur sterbenden Menschen vorbehalten, sondern sollte allen zugute kommen, denen es Linderung bringen kann. Insbesondere jene Menschen, die an einer Krankheit leiden, die die Medizin noch nicht heilen kann, haben einen Anspruch auf lindernde Schmerztherapie. Das heißt, dass diese Patienten/-innen unverzüglich Morphin bekommen, wenn sich mit schwächer wirksamen Schmerzmitteln keine vollständige Schmerzfreiheit erzielen lässt.

Körperliche Dimension von Schmerz

Zu bedenken ist: der menschliche Körper ist keine biochemische Maschine! Deshalb wäre eine Beschränkung der Therapie körperlicher Schmerzen auf die Gabe von Medikamenten halbherzig. Zu einer guten körperlichen Schmerztherapie gehört die Beachtung des *ganzen* Körpers des Erkrankten. Gerade der Körper schwerstkranker und sterbender Menschen ist oftmals arg geschunden. Mancher Sterbende, der an einer „zehrenden" Krankheit (wie Krebs oder Aids) leidet, mag seinen Körper mehr als einmal verflucht, als Last empfunden haben. Wird dieser Körper von einem Mitmenschen berührt, gepflegt, gar gestreichelt, so bedeutet dies eine Aufwertung des Körpers. Es ist eine Art liebevoller Zuwendung zum Körper, die es dem Sterbenden erleichtert, ihn auch selbst noch ein wenig zu lieben – um ihn dann schließlich liebend und nicht im Zorn vollständig loszulassen. Sorgfältige körperliche Pflege ist stets auch eine Form liebevoller Zuwendung zum Kranken. Deshalb kommt der Krankenpflege bei einem Sterbenden auch ein sehr hoher Stellenwert zu.

Sylvia Lack, ärztliche Leiterin des ersten nordamerikanischen Hospizes, hat diesen Sachverhalt einmal zugespitzt so formuliert: „In den Gruppen in unserem Lande, die sich mit Tod und Sterben beschäftigen, wird heutzutage viel zu viel über psychologische und emotionale Probleme geredet und zu wenig darüber, wie man das Wohlbefinden des Patienten sichert. Jede Gruppe, die sich mit dem Dienst am Sterbenden beschäftigt, sollte in erster Linie über das Glattziehen von Laken, das Abreiben von Rücken, das Beheben von Verstopfung und die Nachtwachen reden. Einen Menschen psychologisch beraten zu wollen, der in einem nassen Bett liegt, ist geradezu lächerlich. Ohne Schmerzen, gut gepflegt, mit kontrolliertem Stuhlgang und sauberem Mund sowie mit einem Freund in der Nähe, der sich um einen kümmert, reduzieren sich die psychologischen Probleme durchaus auf ein erträgliches Maß."

Zu einer guten körperlichen Schmerztherapie gehört also unabdingbar eine gute körperliche Pflege des Sterbenden. Bequemlichkeit, Behagen, Wohlgefühl – das sind einige der Begriffe, die umschreiben, was Pflege hier bewirken sollte. Die richtige Lagerung des Patienten, der sanfte Umgang mit seinem Körper und liebevolle Massagen können Schmerzen oftmals überraschend schnell beseitigen oder wenigstens lindern. Gute körperliche Schmerztherapie braucht also Schwestern und Pfleger, die genügend Wissen um diese sanften Formen der lindernden Pflege besitzen und die sowohl bereit als auch in der Lage sind, dieses Wissen, diese Fähigkeiten zum Wohle ihrer Patientinnen und Patienten einzusetzen, ohne sich von Terminkalendern und starren Zeitplänen ihre Zuwendung diktieren zu lassen.

Beseitigung körperlicher Schmerzen ist allerdings keineswegs gleichzusetzen mit einer Beseitigung von allem Leid! Aber umgekehrt gilt: Die Beseitigung körperlicher Schmerzen ist eine wesentliche Voraussetzung dafür. Sie öffnet dem Sterbenden ebenso wie denen, die ihm nahe sind, den Blick für weitere Dimensionen des Schmerzes. Gute körperliche Schmerztherapie ist deshalb Voraussetzung für die Wahrnehmung und damit Bewältigung von Schmerzen jenseits der Körperlichkeit.

Schmerzen empfindet ein Mensch nicht nur dann, wenn in seinem Körper etwas schmerzhaft in Unordnung geraten ist, sondern auch dann, wenn im sozialen Gefüge seiner Umgebung die Dinge für ihn schmerzhaft durcheinander geraten sind: z.B. dann, wenn er die Trennung von geliebten Menschen schmerzlich wahrnehmen muss. Dem Tode entgegenzusehen bedeutet, solch schmerzhafte Trennung zu erfahren. Trennungen erlebt der sterbende Mensch schon lange vor seinem Lebensende: dann z.B., wenn Pflegekräfte und Ärzte sich geängstigt von ihm zurückziehen. Dann auch, wenn Angehörige nicht wissen, ob sie ein offenes, ehrliches Gespräch mit dem Sterbenden beginnen dürfen und eher – vielleicht um ihn zu „schonen" – jegliches Gespräch vermeiden.

Hierzulande sterben ohnedies die meisten Menschen in unvertrauter, isolierender Umgebung: nämlich in Krankenhäusern oder Pflegeheimen. Sie erleiden die Trennung von ihren Mitmenschen in einer „totalen Institution". Auch Angehörige mögen diese Art der Trennung von einem Angehörigen als schmerzhaft erleben – und leiden für sich allein.

Was Familien in dieser Situation benötigen, ist die Unterstützung durch Helferinnen und Helfer, die in der Lage sind, die Kommunikation unter den Betroffenen wieder in Gang zu setzen. Sie brauchen Unterstützung, die eine vertrauensvoll-geborgene Atmosphäre schafft, in der sich ein Mensch wieder „zu Hause" fühlen kann. Am leichtesten lässt sich dies natürlich dort erreichen, wo Menschen im wörtlichen Sinne zu Hause sind: in den eigenen vier Wänden, wo sie sich auskennen, Herr der Situation sind. Deshalb bedeutet Linderung „sozialer Schmerzen" vor allem, den betroffenen Menschen die Möglichkeit zu schenken, die letzten Tage des Lebens zu Hause, im vertrauten Kreise zu verbringen – oder wenigstens an einem Ort, der diesem Zuhause möglichst nahe kommt.

Schmerz hat stets auch eine psychische Dimension. Sterbende erfahren es als besonders schmerzlich, dass sie und ihre Angehörigen nur noch eine letzte, begrenzte Chance haben, „unerledigte Geschäfte" zu erledigen, ungelöste Konflikte zu einem guten Ende zu bringen. Das fällt oft sehr schwer. Es wollte ein Leben lang nicht gelingen und es bedeutet nun, über schmerzhafte Dinge zu sprechen: über Kränkungen, Vernachlässigungen, Ungerechtigkeiten ... – Darf man das einem Sterbenden überhaupt zumuten? Sollte man ihn nicht lieber schonen, Harmonie heucheln? – Nein. Nur dort, wo es gelingt, den schmerzhaften Prozess einer Aussprache im letzten Moment zuzulassen und zu durchleiden, kann schließlich auch das andere glaubwürdig werden: die Entdeckung, wie viel an Liebe dem Sterbenden gegenüber empfunden wird, eine Liebe, die oftmals unter Bergen von Schuld-, Scham- und Wutgefühlen lange verschüttet war.

Erlösung von solchem Schmerz ist keine Frage der Zeit. Es erfordert vor allem Mut auf beiden Seiten – und mutige Helferinnen und Helfer, die bereit sind, diesen schmerzhaften Prozess mit auszuhalten.

Der 70-jährige Willi Horn litt an einem unheilbaren Gehirntumor. Als die Ärzte seiner Frau mitgeteilt hatten, dass sie „nichts mehr tun" könnten, stand für sie fest, dass sie ihren Mann nach Hause zurückholen würde. Zu schlimm war die Erinnerung an den Tod des Vaters, der unter Qualen in einer Klinik sein Leben beendet hatte. Das sollte ihrem Mann erspart bleiben. Zunächst schien alles gut zu gehen. Gemeinsam mit ihrer Tochter, einer jungen Sozialarbeiterin, hatte sie die Rückkehr nach Hause vorbereitet. Dort stand bereits das Krankenbett, das sie aus dem Hilfsmittellager einer kirchlichen Organisation geliehen hatte. Die Sozialstation des Stadtteiles war informiert und hatte ihr zugesagt, im Rahmen der ärztlichen Verordnung tätig zu werden.

Frau Horn hatte damit gerechnet, dass ihr Mann rasch schwächer und unbeweglicher werden würde. Nicht erwartet hatte sie, dass sich nach drei Wochen der Pflege zu Hause erhebliche Schmerzen bei ihm einstellen würden. In dieser Situation rief schließlich die Tochter das örtliche Hospiz zu Hilfe. – Die Untersuchung von Herrn Horn erwies sich als äußerst schwierig, da er kaum noch verständlich sprechen konnte und insgesamt recht benommen wirkte. Die Tochter allerdings verstand es in bewundernswerter Weise, dem Vater seine Wünsche buchstäblich von den Augen abzulesen. So lernten die Helfenden rasch, dass sie gut daran taten, sich bei der Schmerztherapie ganz auf ihre Angaben zu verlassen. Nach wenigen Tagen schon wirkte Herr Horn entspannter, begrüßte die freiwillige Begleiterin des Hospizes mit einem freundlichen Lächeln, wenn sie an sein Bett trat, und wirkte insgesamt ruhiger, ohne benommen zu erscheinen.

Auch die Familie schien sich nun entspannen zu können, und es war Zeit für lange Gespräche mit der Ehefrau, die eine ganz andere Art von Schmerzen quälte. Sie hatte große Angst vor der Ungewissheit, wie ihr Mann wohl sterben würde. Ihr fielen all die Berichte ein, die sie gehört hatte über den „Todeskampf", und nicht zuletzt die Erinnerung an den Tod ihres Vaters peinigte sie. Sie fürchtete, den Anforderungen eines solchen dramatischen Lebensendes nicht gewachsen zu sein, berichtete von ihrem sie schon ein Leben lang begleitenden Gefühl, „nicht gut genug" zu sein.

Die Tage vergingen. Herrn Horns Kräfte nahmen weiter ab, seine Lähmungen verstärkten sich, das Bewusstsein begann zu schwinden. Bei Frau Horn aber war zunehmend eine Entspannung, fast eine Gelassenheit zu spüren.

Als die Freiwillige Helferin des Hospizes die Familie an einem der letzten Tage im Leben dieses sterbenden Mannes besuchte, schien alles gut geordnet zu sein – wäre da nicht eine schwer beschreibbare Spannung spürbar gewesen, die sie nicht so recht einordnen konnte und deren Quelle sie nicht erkannte. Als sie schon wieder im Hinausgehen war, wandte sie sich – einer Eingebung folgend – noch einmal der Tochter zu: „Mit Ihnen und dem Vater ist doch gewiss alles gut geregelt", sagte sie mehr, als sie es fragte. Aber da brach es aus der Tochter förmlich heraus: „Nein, überhaupt nicht. Ich kann mich einfach nicht von ihm verabschieden. Ich fühle mich wie gelähmt, wenn ich auch nur daran denke." – Es folgte ein langes Gespräch mit der jungen Frau. Sie berichtete, wie sie sich stets nach der Liebe dieses Vaters gesehnt hatte und wie sehr sie sich von seiner strengen, kaum eigene Gefühle zulassenden Art zurückgewiesen und gekränkt gefühlt hatte. Eine lange Geschichte gegenseitiger Verletzungen und Kränkungen folgte.

Zum Abschluss bat die Helferin die Tochter, ihrem Vater all diese schmerzlichen Erfahrungen mitzuteilen. Nur zu verständlich, dass sie dies weit von sich wies. „So etwas kann man doch nicht machen!", wandte sie ein. „Das kann ich ihm doch in diesem Zustand nicht mehr antun. – Außerdem wird er mich ja gar nicht mehr hören", fügte sie schließlich hinzu.

Als die Freiwillige Helferin am letzten Morgen im Leben von Willi Horn noch einmal bei der Familie hereinschaute, fand sie die Tochter neben dem Bett des Vaters sitzend, seine Hand umfasst. „Es ging", nickte sie ihr zu. Und später erzählte sie ihr dann, wie es gegangen war: Nachdem sie es fertig gebracht hatte, dem Vater all das Schreckliche zu erzählen, „war mir so, als ob er meine Hand drücke – obgleich sie doch schon gelähmt war. Und dann konnte ich ihm endlich auch das andere sagen, von meiner Liebe und Verehrung für ihn sprechen. Und da floss eine Träne aus seinem linken Auge. Gibt es so etwas überhaupt?"

Am Nachmittag desselben Tages kam, wie immer um diese Zeit, der Sohn zu einem kurzen Besuch. Die junge Frau saß wieder am Bett des Vaters. Frau Horn hatte sich erschöpft auf die Couch im selben Zimmer gelegt. Als der Sohn im Türrahmen stand, atmete Herr Horn ein letztes Mal friedlich aus.

Unter spirituellen Schmerzen sind all diejenigen Schmerzen zu verstehen, die sich an der Sinnfrage entzünden: der Frage nach dem Sinn des Lebens und dem Sinn des Sterbens, der Frage nach dem Sinn unserer menschlichen Existenz schlechthin: „Was ist mein Leben wert gewesen?" „Was hat meinem Leben Sinn und Ganzheit gegeben?" Die Frage zu stellen heißt, sich schmerzhaften Antworten auszusetzen. Es bedeutet, sich auf schmerzhaftes In-Frage-Stellen der eigenen Person einzulassen. Es heißt bisweilen auch zu erleben, wie vertraute religiöse Vorstellungen ihre Tragfähigkeit verlieren und brüchig werden, wenn die schmerzhaft-ängstigende Frage nach dem „Danach" gestellt wird – oder ist es vielleicht eher die Frage nach dem „Davor"? Und worin liegt da überhaupt der Unterschied?

Spätestens hier wird der Helfende spüren, wie die Begegnung mit Sterbenden auch ihn selbst – als Sterblichen – schmerzhaft bewegt, wie fest gefügte Dimensionen von Zeit und Raum sich aufzulösen drohen, Halt gebende religiöse Vorstellungen in Frage gestellt werden. Spätestens hier zeigt es sich, dass Schmerzen in ihrer Mehr-Dimensionalität nie nur ein individuelles Geschehen sind, sondern stets auch ein sozialer Prozess. Deshalb betreffen Schmerzen nicht nur den Sterbenden, sondern auch seine Begleiterinnen und Begleiter. Deshalb ist gute Schmerztherapie stets auch Hilfe für die Helfenden und für die Angehörigen.

Am deutlichsten hat diesen Aspekt wohl der englische Sterbeforscher Parkes herausgearbeitet. Seine Forschungen belegen, dass die Qualität der Schmerztherapie auch Auswirkungen auf die Trauer der Hinterbliebenen hat. Die Trauer der von ihm über zehn Jahre hin untersuchten Witwen verlief umso milder und mit weniger körperlichen und seelischen Komplikationen, je besser die Schmerztherapie war und je mehr dabei alle vier Dimensionen des Schmerzes berücksichtigt wurden.

Wenn es uns gelingt, gut mit sterbenden Menschen umzugehen, so ist dies zugleich für die Hinterbliebenen eine Wohltat. Damit wird gute Fürsorge im Sterben auch zugleich eine Maßnahme der (gesundheitsfördernden) Fürsorge für die Hinterbliebenen.

Leben in der Bewusstlosigkeit

In gesunden Tagen hatte Frau Wenzel oftmals mit ihrer Tochter über ihre Wünsche in der Zeit des Lebensendes gesprochen: durchaus ungewöhnlich in unserer Zeit und ein Zeichen für die innige Beziehung, die zwischen diesen beiden Menschen bestand. Beide waren sich einig, dass der Wunsch der Mutter, nicht auf unwürdige Weise zu sterben, an Apparate angeschlossen, ohne Bewusstsein dahinvegetierend, wo nur irgend möglich erfüllt werden sollte. Das war auch der Grund dafür gewesen, dass die Mutter eine der üblichen Patientenverfügungen auf einem Formularvordruck ausgefüllt hatte.

Frau Wenzel war allerdings eine bemerkenswert gesunde Frau. In ihrem Leben hatte sie zwar vielfach schwere Zeiten erlebt, aber körperliche Gebrechen hatten sie selbst jetzt, da sie schon auf die Neunzig zuging, wenig geplagt. Um so erschrockener war die Tochter, als sie die Mutter eines Morgens wie leblos vor dem Bett liegend fand. Zwar atmete sie noch kraftvoll, aber die Augen waren verdreht, der Mund nach einer Seite verzogen, und der Arm, den die Tochter anhob, fiel leblos wieder zurück. Entsetzt rief sie den Notarzt an, der wenig später zur Stelle war und die Einweisung von Frau Wenzel ins Krankenhaus veranlasste. „Schlaganfall“, erklärte er lakonisch. „Wir müssen abwarten, wie sich ihr Zustand entwickelt; im Moment lässt sich keine Prognose abgeben“, erklärte er der Tochter auf ihre beunruhigten Fragen.

In der Klinik wurden alle in solch einer Situation üblichen intensiven Maßnahmen ergriffen. Nach einer Woche schien sich der Zustand der Frau stabilisiert zu haben. Es war klar, dass das Gehirn erheblich beschädigt war. Ihr Bewusstsein schien eingeschränkt zu sein, und insbesondere ihre Fähigkeit, sich mit Worten auszudrücken, war nahezu völlig erloschen. „Ich bekomme einfach keinen richtigen Kontakt mehr zu ihr“, klagte mir die Tochter. Aber diesen Kontakt hätte sie jetzt dringend gebraucht. Denn neben der Sprachstörung waren auch die Schluckreflexe erheblich gestört, so dass die behandelnde Ärztin der Tochter vorgeschlagen hatte, operativ eine Magensonde (PEG-Sonde) zu legen. „Aber das ist es ja gerade, was meine Mutter nie wollte. Wie oft haben wir darüber gesprochen, dass sie all diese Schläuche auf gar keinen Fall wollte. Wozu hat sie schließlich die Patientenverfügung ausgefüllt! Und jetzt fühle ich mich furchtbar unter Druck gesetzt durch die Klinik. Die haben mich ganz vorwurfsvoll gefragt, ob ich denn meine Mutter verdursten lassen wolle. Das sei schließlich ein wirklich unwürdiger Tod.“

In langen Gesprächen haben wir der Tochter erläutert, dass sich die Wünsche und Absichten von Menschen im Verlauf einer Krankheit durchaus zu ändern vermögen und welch einen Unterschied es macht, ob wir uns vor *oder* in *einer Krankheit befinden. Aus diesem Blickwinkel gebührt auch der Position der Ärztin Respekt, die sich nicht vorstellen kann, dass die Mutter lieber verdursten wolle, als den bequem wirkenden Weg der Magensonde zu wählen. „Es mag ja richtig sein, dass weder ich noch die Ärztin wissen können, was meine Mutter jetzt will. Aber wie soll ich herausfinden, was meine Mutter jetzt will?“*

Gemeinsam trugen wir zusammen, zu welchen Lebensäußerungen die Mutter jetzt noch fähig war. Was blieb, war große Unsicherheit. Weder ließ sich ihr Gehör noch ihre Fähigkeit, klar zu denken, wirklich erfassen. Schließlich kam der Tochter eine Idee: „Könnte man eine solche Sonde nicht vorläufig legen?“ – In der Tat lässt sich die Nahrungszufuhr bei den meisten bewusstseinsgestörten Menschen über einige Zeit auch über eine Nasensonde (über die Nase in den Magen gelegte Sonde) ausreichend sichern. Um eine solche Übergangslösung bat die Tochter im Krankenhaus.

Ein wenig kopfschüttelnd ging man schließlich auf ihren Wunsch ein. Aber die Sonde blieb nicht lange an ihrem Ort. Vehement zog sie die Greisin mit der linken, noch beweglichen Hand wieder heraus, kaum dass sie gelegt war. Gegen die erneuten Versuche, die Sonde zu legen, wehrte sie sich nicht weniger energisch durch das Zusammenbeißen ihrer Lippen. „Sehen Sie, es geht einfach nicht", meinte die Ärztin resigniert. Die Tochter aber interpretierte das Verhalten der Mutter ganz anders: In intensivem Bemühen, Zugang zu ihr zu finden, hatte die Tochter ihr erklärt, was der „Test mit der Nasensonde" zu bedeuten habe. In ihren Augen hatte die Mutter eine deutliche Antwort gegeben. „Ich nehme die Mutter zu mir nach Hause", teilte sie der Ärztin resolut mit, als diese sie von der Unabdingbarkeit einer PEG-Sonde zu überzeugen versuchte. Und so geschah es, nachdem man in der Klinik einen letzten Versuch unternommen hatte, eine Nasensonde zu platzieren. Diesmal aber zog Frau Wenzel die Sonde nicht nur wieder heraus, sondern behielt sie fest in der Hand und ließ sich die Sonde nicht mehr entwinden.

So kam sie schließlich auch zu Hause an, die Nasensonde bemerkenswert kraftvoll in der Hand. Dank der guten Vorbereitungen, die Frau Wenzels Tochter getroffen hatte, war schon nach kurzer Zeit der ambulante Pflegedienst zur Stelle. Eine erfahrene Krankenschwester ließ sich die Situation erklären. Nach einigem Nachdenken wandte sie sich schließlich an Frau Wenzel und sagte langsam und mit großem Nachdruck: „Ich werde Ihre Wünsche respektieren. Wenn Sie keine Magensonde wünschen, werde ich Sie nicht dazu zwingen." – Kaum hatte sie dies ausgesprochen, öffnete sich die Hand der alten Frau und gab die Nasensonde frei.

Die Tochter verstand es, der Mutter immer wieder in kleinen Schlucken etwas Nahrung und Flüssigkeit einzu-

flößen, zeigte ihr auf diese Weise ihre Nähe und Fürsorglichkeit. „Wir hatten noch eine gute Zeit miteinander. Alles war so friedvoll. Wir waren uns so nahe." Kaum eine Woche später starb Frau Pohlmann, vermutlich an einem zweiten Schlaganfall. Und es befriedigte die Tochter tief, dass sie ihrer Mutter diesen selbstbestimmten Weg ermöglicht hatte. „Es war das Letzte, was ich für sie tun konnte. Es gibt mir auch in der Trauer eine große Ruhe."

Wie bei jeder ethischen Entscheidung kann solch eine Geschichte zwar eine bestimmte Haltung illustrieren, jedoch nicht ihre Richtigkeit beweisen. Sie lebt von dem Gedanken, dass ein Mensch ein Recht darauf hat, am Lebensende verantwortliche Entscheidungen für sich und seinen Weg zu treffen. Sie geht davon aus, dass die Äußerungsmöglichkeiten eines Menschen auch bei erheblichen hirnorganischen Beeinträchtigungen noch sinnvoll interpretierbar sind, wenn Menschen liebevoll darauf zu achten vermögen.

Viel schwieriger sind Entscheidungen dann, wenn wir einen Menschen vor uns haben, der in tiefer Bewusstlosigkeit vielleicht schon seit Monaten oder gar Jahren lebt. So wie die 86-jährige Ingrid Heinzle, von der später noch die Rede sein wird.

Ist es einem Menschen zuzumuten, bewusstlos über Jahre in einem Pflegeheim dahinzuleben? Ist das nicht noch viel schlimmer als die Vorstellung vom Leben an zahllosen Schläuchen auf der Intensivstation? Ist da nicht der Tod die weitaus gnädigere Lösung – zumal dann, wenn wir über klare und eindeutige Äußerungen eines Betroffenen verfügen, der sich stets und sogar noch in schriftlicher Form gegen solch einen Zustand verwahrt hat?

Wir möchten uns dem Thema von zwei Seiten nähern:

Da ist zunächst die Frage: Auf welche Weise soll das Leben solch eines Menschen beendet werden? Nach deutschem Recht ist es – Gott sei Dank – verboten, einen Bewusstlosen, und lebe er in diesem Zustand auch viele Jahre, durch aktives Tun zu töten. Bei solchem „aktiven Tun" denken die meisten Menschen an die berüchtigte und verbotene Giftspritze. – Wie aber steht es um die „sanfteren" Formen der aktiven Beendigung solchen Lebens? Einigkeit besteht weitgehend darin, dass alle Formen der passiven Euthanasie bei einem solchen Menschen erlaubt sind. Das bedeutet konkret, dass es keine ärztliche Pflicht gibt, ein solches Leben durch aktive Maßnahmen zu „retten". Z. B. ist es nicht zwingend vorgeschrieben, einem Menschen mit solch einer Form der tiefen Bewusstlosigkeit noch alle erdenklichen Antibiotika bei einer Lungenentzündung zu geben, selbst wenn durch sie der Tod abgewendet werden könnte. Dies wäre eine Form der passiven Euthanasie (s. Seite 127 ff.), die in Deutschland erlaubt ist.

Die Tatsache, dass sie möglich ist, bedeutet jedoch nicht, dass sie auch durchgeführt werden müsste. Die Entscheidung steht aber nicht „im Ermessen" des Arztes, sondern liegt in der Hand des Patienten oder seines Bevollmächtigten/Betreuers. Entscheidend geht es hier darum, zu erforschen, ob der betroffene Mensch zu Zeiten wachen Bewusstseins einen solchen Behandlungsverzicht gewollt hätte oder nicht.

Caroline Meier und Martha Brauche sind zwei recht ungleiche Schwestern: Die eine, Caroline, eine fromme Katholikin, arbeitete im kirchlichem Dienst als Sozialarbeiterin in leitender Position. Der Beruf bedeutete ihr alles, und so hatte sie „nie den richtigen Mann getroffen", ist ledig geblieben. Ihr Leben hat sie gut geregelt. Jetzt mit 81 Jahren gönnt sie sich ein bequemes Leben in einem süddeutschen Kurbad. Sie lebt zusammen mit ihrer Schwester Martha in einer gemütlichen kleinen Wohnung. – Die Schwester Martha war verheiratet, der Mann starb schon vor vielen Jahren. Die Kinder sind verheiratet und leben weit verstreut in Deutschland. Ihren Beruf als Sekretärin hat sie nur in der Zusammenarbeit mit ihrem Mann gelebt, ihn aber nie selbstständig ausgeübt. Den Sinn ihres Lebens schöpfte sie weitgehend aus der Fürsorge für ihre Familie. Noch jetzt fühlt sie sich besonders glücklich, wenn sie sich nützlich machen kann und bedauert es, dass die Enkelkinder mittlerweile schon so groß sind, dass sie niemanden mehr brauchen, der sie hütet, wenn die Eltern beruflich unterwegs sind. Jetzt im Alter von 72 Jahren fand sie es praktisch, ihren Lebensabend zusammen mit der älteren Schwester zu verbringen, für die sie vor allem kochte, was die Ältere nie so recht gelernt hatte. Eine durchaus spannungsreiche Beziehung – nicht zuletzt dadurch, dass beide in religiösen Dingen gänzlich unterschiedlicher Ansicht sind. Martha Brauche ist schon in jungen Jahren aus der Kirche ausgetreten und spricht über religiöse Fragen am liebsten gar nicht, während Caroline jeden Sonntag regelmäßig zur Kirche geht.

Auf Drängen von Martha Brauches ältester Tochter kommen sie immer wieder einmal darüber ins Gespräch, was sie sich wünschen, wenn ihr Leben in eine Krise gerät, in der sie sich nicht mehr selbst äußern können. Für die resolute Caroline ist es klar: sie will auf jeden Fall noch intensive Behandlung. Den Rest überlässt sie ihrem Herrgott, „der wird's schon richten". – Martha hat da eine ganz andere Vorstellung: „Spritzt mich einfach tot, wenn ich nichts mehr tauge. Was soll mein Leben noch, wenn ich niemandem mehr nütze?"

Als Caroline ihren dritten Schlaganfall bekommt, muss sie in ein Pflegeheim umsiedeln und erleidet dort wenige Wochen nach ihrer Aufnahme einen vierten Schlaganfall, der sie in tiefe Bewusstlosigkeit stürzt. „Vom Gehirn ist sicherlich kaum noch etwas übrig", urteilte der behandelnde Arzt bei ihrer Entlassung aus der Klinik. – Tatsächlich liegt Caroline danach ohne jede erkennbare Reaktion, ernährt über eine PEG-Sonde, die man ihr kurzerhand in der Klinik gelegt hatte, in ihrem Zimmer im Pflegeheim. Martha Brauche schüttelt den Kopf, wenn sie sie regelmä-

ßig und pflichtbewusst besucht. „Was soll das noch für einen Sinn haben!"

Schon einen Monat später wird Martha Brauche auf eine weitere harte Probe gestellt: Bei der Schwester ist eine Lungenentzündung aufgetreten. Der Hausarzt hat sich mit ihr in Verbindung gesetzt und rät dazu, keine weitere Behandlung mehr vorzunehmen. Martha Brauche findet das richtig. Aber ein Telefongespräch mit den Töchtern macht sie sehr unsicher. Die erinnern sie an den Wunsch der Tante, dass in jedem Fall „alles getan" werden solle. Schließlich informiert sie den Arzt: „Ich finde es ja unsinnig. Aber meine Schwester hätte sicherlich noch jede nur erdenkliche Behandlung gewollt, vermutlich auch jetzt noch."

So bekommt Caroline Meier ihre antibiotische Therapie – und stirbt wenige Tage später ganz friedlich. „Herzversagen" notiert der Hausarzt auf dem Totenschein. Der Herrgott hat's ganz offensichtlich gerichtet . . .

Dem Thema können wir uns aber auch von einer zweiten Seite nähern:

Wir kennen es aus unserem eigenen Leben recht gut: Es macht einen großen Unterschied, ob wir uns eine Situation nur vorstellen oder ob wir uns mitten in ihr befinden. Wie oft haben wir uns vor einem schwierigen Examen wohl gewünscht, „all das" niemals angefangen zu haben, würden am liebsten noch vor der Tür des Prüfungsraumes kehrtmachen . . . Und dann haben wir die Prüfung schließlich bestanden, fühlen uns stolz und glücklich und mögen auf unser Zögern, unsre Ängstlichkeit am liebsten gar nicht mehr zurückschauen.

So ist es mit vielen Lebenssituationen. Welch eine Angst können wir in uns aufkeimen fühlen, wenn wir einen jungen, querschnittgelähmten Menschen im Rollstuhl sitzen sehen und uns in Gedanken auch nur einen Moment selbst an seine Stelle versetzen. Nein, das wollten wir nicht, mag es uns da durch den Kopf schießen: ständig auf Hilfe angewiesen sein, selbst bei intimsten Verrichtungen? Den geliebten Beruf nicht mehr ausüben können, weil er mit unabhängiger Mobilität verbunden ist – niemals!

Fragen wir aber Betroffene, so berichten sie uns in der Regel zwar von den schweren Krisen, die sie durchlebt haben, wenn sie z. B. durch einen Unfall aus voller Gesundheit in die Querschnittslähmung gestürzt wurden. Aber die meisten von ihnen haben nach gar nicht so langer Zeit wieder entdeckt, was dieses „neue Leben" alles zu bieten hat. Gewiss, die meisten sehnen sich immer wieder nach den gesunden Zeiten zurück. Aber tun Ähnliches nicht auch alte Menschen, wenn sie sich nach ihren jungen Jahren zurücksehnen?

Solche Überlegungen können Zweifel säen, ob denn unsere Entscheidungen in gesunden Tagen wirklich für den Zeitpunkt einer Lebenskrise taugen. Dies gilt in noch weiterem Maße für den Zustand der Bewusstlosigkeit. Bewusstlosigkeit ist eine Seinsweise unserer menschlichen Existenz, die wir uns per definitionem nicht vorstellen können. Denn wenn wir bewusstlos sind, hören ja gerade jene Überlegungen, Einstellungen und Wertvorstellungen auf, die unser Wachbewusstsein prägten. Natürlich ist es in einer Gesellschaft, die schon das „Unbewusste" mit Skepsis betrachtet, kaum vorstellbar, dass Bewusstlosigkeit einen Sinn machen könnte oder gar ein erstrebenswerter Zustand wäre. Aber denken wir doch daran, wie selbst heute noch manche Menschen sich durch eine Ohnmacht in die Bewusstlosigkeit retten, um eine anders (nämlich bewusst) unerträgliche Situation zu vermeiden. Und wer sehnt sich nicht hier und da nach einem tiefen Schlaf, wenn ihm alles über den Kopf zu wachsen droht?

Was uns an der Bewusstlosigkeit solche Angst macht, ist doch vor allem die Unkontrollierbarkeit unseres Lebens in solch einem Zustand. Kontrolle, insbesondere Selbstkontrolle, aber gehören ja zu den Begriffen, die unser Leben ganz besonders prägen. Das ist es doch auch, was uns an einem

„Leben an Schläuchen auf der Intensivstation" so ganz besonders schreckt: dass wir nicht mehr bestimmen können, was mit uns geschieht.

Aber genau das interessiert den Bewusstlosen am allerwenigsten. Er spürt nichts von Schläuchen, nichts von den neugierigen Blicken der Mitmenschen, er spürt nichts wirklich von seinem Körper. Er merkt nichts von den Manipulationen und Eingriffen, die seinem Körper jetzt vielleicht zugemutet werden. Das ist es ja, was wir in der Narkose nutzen, um einen Menschen schadlos operieren zu können.

Aber ist nicht auch diese „ständige Nacht", dieses „Nichts", was wir häufig mit Bewusstlosigkeit verbinden, eine schreckliche Vorstellung? – Die Vorstellung vom Nichts ist allerdings eine Phantasie, die viele Menschen auch mit dem Schlaf verbinden. „Ich träume nie, oder jedenfalls fast nie", antworten zahllose Menschen auf die Frage nach ihrem nächtlichen Leben. Tatsächlich wissen wir heute aber sehr genau, dass *jeder* Mensch in der Nacht viele Male träumt und dabei eine Fülle wundersamer Geschichten erlebt – ob er sich im Wachzustand daran erinnert oder nicht. – Zugegeben, von dem Erleben eines Bewusstlosen wissen wir nach wie vor herzlich wenig. Die meisten können sich auch an kein Erleben in diesem Zustand erinnern. Und viele kehren ja aus der Bewusstlosigkeit auch nie wieder zurück. – Es gibt aber eine Reihe von Indizien, die es wenigstens wahrscheinlich machen, dass die Zeit der Bewusstlosigkeit nicht weniger „belebt" ist als der Wachzustand. Es handelt sich dabei gewissermaßen um ein „Leben auf einer anderen Frequenz".

Lothar Müller, ein 53-jähriger Bauunternehmer, litt an einem Krebs der Bauchspeicheldrüse. Wie bei vielen Menschen mit dieser Erkrankung wurde der Krebs erst zu einem sehr späten Zeitpunkt entdeckt. „Die haben nur auf und wieder zugemacht", erzählte er mir resigniert. Dennoch hatte er den Wunsch, dass noch möglichst viel an Therapie versucht wurde. Im Rahmen eines solchen Therapieversuches kam es zu einer Komplikation, die Lothar Müller für vier Wochen in eine tiefe Bewusstlosigkeit versinken ließ, während die Ärzte auf der Intensivstation um sein Leben rangen. Seine Familie besuchte ihn regelmäßig auf der Intensivstation. Seine Frau empfand die Geräte, die ihren Mann umgaben, keineswegs nur als störend. Sie entdeckte nämlich, dass das Messinstrument für die Herzfrequenz und den Blutdruck jedes Mal, wenn sie ihn besucht, deutliche Ausschläge verzeichnete. Und da ihr Mann – auch durch Medikamente mitbedingt – völlig reglos dalag und künstlich beatmet wurde, waren diese technischen Geräte der einzige Zugang zu seinen Reaktionen.

Frau Müller beobachtete sehr genau, wie sich Herzschlag und Blutdruck in Abhängigkeit von dem, was sie mit ihm „besprach", und von ihren Berührungen veränderte. Sie war auch ein bisschen stolz darauf, zu entdecken, dass sich die Annäherung einer Schwester anders auswirkte, als wenn sie oder einer der beiden Söhne ans Bett traten. Für Frau Müller war diese Entdeckung sehr ermutigend, und sie motivierte sie zu häufigen und langen Besuchen. Sie gab ihr auch die Kraft, sich gegen die Ärzte auf der Intensivstation durchzusetzen, die ihr langes Kommen für unnötig hielten: „Der merkt davon ganz gewiss nichts." – Als sie erfuhr, dass bei Menschen das Gehör besonders lange erhalten bleibt, selbst im Sterben, brachte Frau Müller ihrem Mann schließlich sogar Musik mit, die sie ihm über Kopfhörer vorspielte, und sie beobachtete sorgfältig, was ihm „gefiel" und was ihr weniger gut anzukommen schien.

Herr Müller tauchte für wenige Wochen noch einmal ins Bewusstsein auf, ehe er schließlich durch den Tod endgültig in ein Leben auf einer anderen Seinsebene hinüberwechselte. In dieser Zeit der vollen Bewusstheit berichtete er mir von Erinnerungsfetzen aus der Zeit der Bewusstlosigkeit: „Es war eine schwierige Zeit dort drüben", erzählte er nachdenklich. „Ich erinnere mich noch daran, dass ich wie durch ein unendliches Labyrinth aus Gängen irrte. Ich fühlte mich unglaublich einsam und alleine. Besonders schlimm war, dass die Gänge sich zeitweilig bedrohlich verengten und ich Angst hatte, eingequetscht oder erstickt zu werden. Aber dann", dabei lächelte er „dann gab es Phasen, in denen veränderte sich alles: es war, als wandelten sich die engen Gänge zu großen, warmen, rosa Blasen. Mir war, als ob ich in ihnen schwebte. Vielleicht fühlen sich so die Embryos im Mutterleib . . ." Herr Müller war überzeugt davon, dass diese „rosa Zeiten" anbrachen, wenn seine Frau oder ein anderer ihm naher Mensch ans Bett trat und ihm nahe blieb. „Ich kann das nicht weiter erklären, aber ich spüre es jetzt noch wie diese unglaublich tröstende Nähe eines nahen Menschen."

Solche und ähnliche Erfahrungen mögen nichts beweisen. Sie passen aber zu dem, was andere Forscher, die sich mit dem Phänomen der Bewusstlosigkeit näher befasst haben, ebenfalls berichten: Was Menschen offenbar in diesen Zeiten der Bewusstlosigkeit gut tut, das ist, wenn sie die Nähe eines vertrauten Menschen spüren, dessen Zuwendung wahrnehmen. Und ist das so verwunderlich? Ist es das nicht immer, was uns in Krisensituationen tröstet? Ob Menschen im Sterben liegen, trauern, durch eine Trennungskrise hindurchmüssen, eine schwere Krankheit erleiden – immer ist es die Nähe von Menschen, die ihnen geduldig zugewandt sind und das Schwere mitzutragen bereit sind, was Trost und Hoffnung gibt und eine Quelle der Kraft darstellt, die hilft, das Leben zu meistern und zu neuen Ufern aufzubrechen. Warum sollte dieses urmenschliche Bedürfnis in der Zeit der Bewusstlosigkeit verloren gegangen sein? Aber es gehört viel Kraft dazu, solch eine Nähe zu einem Bewusstlosen überhaupt durchhalten zu können. Es ist keine Schande, wenn Familien mit einem Angehörigen, der über lange Zeit in der Bewusstlosigkeit lebt, spüren, dass ihre Energie erlahmt. Aber es kommt auf die Konsequenzen an, die sie daraus ziehen. Die Würde eines Menschen in Bewusstlosigkeit hängt nicht davon ab, wie er „daliegt". Würde in diesem Zustand wird von denen vermittelt, die dem Bewusstlosen nahe sind. Ein Mensch hat im Grunde genommen niemals wirklich Würde – es sei denn, wir geben sie ihm: Sie entsteht in und durch Beziehung.

Das Leben auf dieser „anderen Seinsebene" erklärt auch, weshalb wir Zweifel anmelden, ob ein Mensch in gesunden Tagen eine Anweisung für einen solchen bewusstlosen Zustand geben kann. Wir wissen nicht, was Menschen in der Bewusstlosigkeit wünschen oder wünschen werden. Die Kontinuität ihres Erlebens ist durch den Zusammenbruch des Bewusstseins unterbrochen. Deshalb erscheint es nicht plausibel, aus Äußerungen in gesunden und bewussten Tagen 1 : 1 auf einen Willen in kranken und bewusstlosen Tagen zu schließen.

„Mein Mutter liegt schon seit drei Jahren in tiefer Bewusstlosigkeit im Pflegeheim", berichtete die Tochter von Frau Heinzle am Telefon. „Es ist so unwürdig. Sie reagiert überhaupt nicht mehr; auf nichts. Natürlich besuche ich sie regelmäßig. Aber wer kann das auf Dauer aushalten, wenn da gar nichts zurückkommt! Meine Brüder kümmern sich sowieso schon lange nicht mehr um sie. Gut, sie wohnen auch etwas entfernter. Aber alles hängt an mir. Schließlich habe ich auch noch Familie. Und ich merke, ich kann einfach nicht mehr. – Jetzt habe ich mit dem Arzt darüber gesprochen. Er meint schon, dass man die Nahrung und auch die Flüssigkeit allmählich reduzieren kann . . . Sie bekommt das sowieso alles nur über einen Schlauch direkt in den Magen. Merken tut sie das bestimmt nicht mehr. Und sie hat auch früher, als sie noch gesund war, immer wieder gesagt, dass man sie lieber umbringen solle, als so an Schläuchen angeschlossen irgendwo liegen zu lassen."

Frau Heinzles Tochter ist offenkundig am Ende ihrer Kräfte, wirkt ausgebrannt. Die Beziehung zur Mutter war im Grunde genommen nie ganz einfach gewesen: „Wie das halt zwischen Müttern und Töchtern leicht so ist.“ Seit drei Jahren betreut sie ihre Mutter, die damals einen Schlaganfall erlitt, sich für einige Wochen wieder zu erholen schien und dann von einem zweiten und dritten Schlaganfall in kurzer Folge völlig gelähmt wurde, in tiefste Bewusstlosigkeit versank. Seither spürt die Tochter keinerlei Kontakt mehr zur Mutter, die sie ganz regelmäßig mehrfach die Woche besucht – und sie findet auch kein Verständnis für ihre Fürsorge bei ihrem Umfeld.

Gemeinsam denken wir darüber nach, wie sie sich entlasten kann, wie sie die eigene, durch den Zustand der Mutter bedingte Last verringern kann. Ganz erstaunt reagiert sie auf meinen Vorschlag, sich durch eine Person, der sie regelmäßige Besuche bei der Mutter mit Geld honoriert, entlasten zu lassen. „Aber das darf man doch nicht einem Fremden überlassen!“, ist ihre erste Reaktion. Was aber ist ein Fremder? Kann solch ein Mensch, wenn er fürsorglich genug ist, nicht auch zu einem Vertrauten werden? Und kennen wir das nicht zu gut, dass oftmals „Fremde“ zu unseren Eltern ein viel entspannteres, unbelasteteres Verhältnis entwickeln als wir selbst? – Sie braucht Zeit, sich an diesen Gedanken zu gewöhnen. – Eine Woche später ruft sie wieder an: „Es gibt da jemanden, der sich gerne einer solchen Aufgabe annimmt und auch das Geld gut gebrauchen kann. Aber wie kann sie zur Mutter Kontakt bekommen? Einfach so dasitzen möchte sie natürlich auch nicht.“

Wir vereinbaren einen Beratungstermin für die Helferin, eine ältere Dame, deren Mann vor einiger Zeit verstorben ist und die sich nach einer sinnvollen Aufgabe gesehnt hat. Mit Hilfe geeigneten Informationsmaterials unterstützen wir sie beim Aufbau von einfachen Kontakten zu bewusstlosen Menschen. Eifrig macht sie sich an die Arbeit und hat schon nach wenigen Wochen erste, ganz bescheidene Zeichen des Kontaktes entdecken können. Das spornt sie an.

Viele Monate später ruft mich die Tochter von Ingrid Heinzle wieder an. Sie will berichten. Sie hat noch immer ein schlechtes Gewissen: „Müsste nicht ich das für meine Mutter tun? Warum gelingt es der Fremden so viel besser?" – Schließlich versteht sie: Wir müssen nicht alles selbst tun und können, nur weil wir mit einem Menschen verwandt sind. Von wem ein solch bewusstloser Mensch Nähe und Verständnis erhält, ist nicht entscheidend. Es genügt, wenn wir selbst zu jedem Zeitpunkt das Beste geben, zu dem wir fähig sind, und weder uns noch den Angehörigen durch Überforderung quälen.

Leider ist zunehmend eine Tendenz zu beobachten, Menschen, die ohne an einer unmittelbar zum Tode führenden Krankheit zu leiden, in langer Bewusstlosigkeit leben, durch Nahrungs- und Flüssigkeitsreduktion das Leben zu verkürzen. Wir halten dieses Vorgehen weder rechtlich noch medizinisch oder ethisch für gerechtfertigt. *Ein Mensch, der einmal eine Ernährungssonde operativ gelegt bekommen hat (PEG-Sonde), hat ein Recht darauf, weiter unter aller erforderlichen Sorgfalt mit Nahrung und Flüssigkeit versorgt zu werden, alles andere wäre ein aktiver Eingriff mit der Folge seines Todes.* Dass Angehörigen, Ärzten und Pflegepersonal nach einer langen Zeit der Bewusstlosigkeit eines Kranken und der damit leider oft verbundenen Beziehungslosigkeit zu ihm Zweifel daran kommen, ob die Fortführung der Ernährung „sinnvoll" ist, erscheint verständlich. Aber gerade in der Bewusstlosigkeit, einer Zeit also, in der übliche Maßstäbe von Zeit und Raum ihren Sinn verlieren, ist die Länge eines „Zustandes" wohl das untauglichste Argument für eine Handlung. Im Zweifel sollten wir uns stets für das Leben entscheiden und darüber nachdenken, wie es lebenswert gestaltet werden kann. Dass unsere Kenntnisse hierüber so dünn gesät sind, spricht für die bedauerliche Vernachlässigung dieses Lebensgebietes.

Es ist Sonntagnachmittag. Ich sitze am Bereitschaftstelefon des Hospizes. Am anderen Ende der Leitung eine erregte Frauenstimme. Sie kann kaum sprechen, ringt nach Luft. Entsetzen und Empörung ist ihr anzuspüren. Allmählich kann sie ruhiger sprechen: „Es ist so: Mein Vater liegt seit etwa einem halben Jahr im Pflegeheim. Schlaganfall. Sie wissen schon. Schlucken geht nicht mehr. Deshalb hat er seither eine PEG-Sonde. Anders hätten ihn die auch gar nicht aufgenommen. Er ist wirklich nur noch eine Hand voll. Bestimmt kein schönes Leben mehr. Wir standen uns immer sehr nahe. Ich besuche ihn regelmäßig. Und stellen Sie sich vor: Als ich heute Nachmittag auf die Pflegestation kam, kommt gerade die Schwester aus seinem Zimmer. In der Hand hielt sie die Schläuche seiner PEG. Schaute ganz fröhlich drein und teilte mir einfach so mit: ‚Ich habe das Zeug alles abgenommen, das nützt Ihrem Vater sowieso nichts mehr. Jetzt wird er einen ganz sanften und friedlichen Tod haben.'" Ich kann die Tochter in ihrem Zorn verstehen. Ich erläutere ihr, welche rechtlichen Möglichkeiten sie hat, und bestärke sie in ihrer Kritik an der Eigenmächtigkeit der Pflegenden. – Wenige Stunden später ruft sie mich an: „Die haben alles zurückgenommen. Sogar entschuldigt haben sie sich bei mir."

Grundsätzlich also stehen wir auf dem Standpunkt: Menschen, die sich im Zustand chronischer (andauernder) Bewusstlosigkeit befinden (oder aus anderen Gründen weder zur willentlichen Flüssigkeitsaufnahme noch zu einer entsprechenden, verantwortlichen Willensäußerung in der Lage sind) und deren Gesundheitszustand zwar reduziert, aber im wesentlichen stabil ist, müssen voll kalorisch ernährt und mit voller Flüssigkeitszufuhr versorgt werden, da wir nicht wirklich wissen können, was sie sich in dieser Situation wünschen. Wir meinen auch, dass der mutmaßliche Wille des Patienten bzw. der Patientin hier wenig als Entscheidungshilfe taugt, da er in gesunden Tagen formuliert wurde und keine Auskunft darüber gibt, was der Patient bzw. die Patientin sich im Zustand der bis dahin nie gelebten und nicht vorher erfahrbaren Bewusstlosigkeit wünschen würde.

Es soll an dieser Stelle allerdings nicht der Eindruck erweckt werden, als seien Entscheidungen im Zusammenhang der Beendigung eines Lebens stets einfach und rundum befriedigend zu treffen. Es ist gut, wenn Angehörige und Helfende in solcher Situation Beratung von außen, das heißt von einer Stelle, die nicht in das Geschehen involviert ist, in Anspruch nehmen können. Wenn eine Entscheidung zu einer Beschleunigung des Sterbeprozesses führt, halten wir es nicht für gerechtfertigt, dass sie von Betroffenen alleine gefällt wird. Das wäre letztlich sogar unmenschlich. Denn gerade die Angehörigen müssen mit ihrer Entscheidung weiterleben. Aus unseren Trauergruppen wissen wir nur zu gut, wie oft Hinterbliebene sich im Nachhinein mit dem Gefühl herumquälen müssen, nicht genug für einen verstorbenen Angehörigen getan zu haben. Schon deshalb ist ein Rat zur Beschleunigung des Sterbeprozesses höchst problematisch, denn er kann bei den Hinterbliebenen zu einer Wurzel schwerer Gesundheitsstörungen werden, die sich aus solchen Gewissenskonflikten ergeben können. Wer aber soll solche Entscheidungen fällen oder fällen helfen? In letzter Instanz sind hier die Gerichte berufen, die Entscheidungen der Ärzte, der Bevollmächtigten oder Betreuer zu bestätigen und ihnen auch ein Stück Verantwortungsteilung und Entlastung anzubieten.

Manchmal sind derartige ethische Entscheidungen aber gar nicht so schwierig, wenn wir alle Hilfen – auch die des Kranken selbst – in Anspruch nehmen:

Herr Greiner leidet seit einigen Jahren an einem Hirntumor, der schon mehrfach operiert wurde. Seine geistige Leistungsfähigkeit ist jedes Mal mehr eingeschränkt worden. Schließlich, nachdem sein Bewusstsein erloschen ist, haben ihn die Ärzte aufgegeben. Seine Frau hat ihn nach Hause genommen, pflegt ihn – gemeinsam mit der Diakoniestation – hingebungsvoll. Neben dem Hirntumor leidet er an einer schweren Durchblutungsstörung der Beine. Sie ist es, die bei der Pflege weit mehr Probleme macht als die Folgen des weiterwachsenden Hirntumors. Zahlreiche Wunden sind dadurch an beiden Füßen entstanden, die sich kaum schließen und die zunehmend zu vereitern drohen. Einer der Füße beginnt bereits, sich schwarz zu verfärben.

Der Hausarzt ist zu Recht beunruhigt. Seine Einschätzung, dass diese Gesundheitsstörung das Leben von Herrn Greiner z. Z. mehr bedroht als der Hirntumor, scheint zuzutreffen. Er rät deshalb zu einer Vorstellung in einer chirurgischen Klinik mit der Frage, ob nicht einer der beiden Füße amputiert werden soll. Aber ist das jetzt noch die richtige Maßnahme? Der Hausarzt schlägt Frau Greiner vor, sich an das Hospiz wegen einer Beratung zu wenden.

Ich führe solche Beratungsgespräche ganz bewusst am besten in Gegenwart des Kranken. Wir wissen ja, dass auch bei bewusstlosen Menschen das Gehör besonders lange erhalten bleibt. Es scheint das letzte Sinnesorgan zu sein, das ausfällt. Deshalb gebietet es m. E. der Respekt vor dem Betroffenen, ihn wenigstens auf diese Weise an anstehenden Entscheidungen teilhaben zu lassen.

In dem langen Gespräch mit Frau Greiner wägen wir gemeinsam ihre Wünsche und Befürchtungen und all ihre Kenntnisse über Herrn Greiner und seine früheren Lebensäußerungen ab. „Wissen Sie, ich würde ihn ja noch so gerne behalten. Aber er soll sich doch nicht noch so quälen müssen. Wenn ich mir vorstelle, dass morgen früh die Sanitäter kommen und ihn in die Klinik schaffen – ich weiß einfach nicht, ob die Beunruhigung es wert ist." – Wir kommen zu keinem rechten Ende. Es lässt sich einfach nicht herausfinden, was Herr Greiner sich wünschen würde. Im Grunde genommen hat er sich – wie auch schon in gesunden Tagen – bei allen Dingen, die die Krankheit betreffen, stets vom Rat seiner Frau leiten lassen. – „Ich denke," schließt Frau Greiner schließlich, „ich höre auf den Hausarzt. Das haben wir beide eigentlich immer so gemacht. Und morgen in der Klinik wird ja noch keine endgültige Entscheidung getroffen", beruhigt sie sich. „Vielleicht wollen die ihn ja gar nicht mehr operieren."

Als Frau Greiner am nächsten Morgen nach einer sehr ruhigen Nacht in das Zimmer kommt, in dem das Pflegebett ihres Mannes steht, atmet er nicht mehr. Er muss ganz sanft „eingeschlafen" sein. Seine Gesichtszüge wirken entspannt. Es ist etwas wie eine tiefe Zufriedenheit auf seinem Gesicht.

Die große Angst vor der Verwirrtheit im Alter

Das bedrohlichste Gegenbild zu Selbstbestimmtheit und Autonomie ist vielleicht nicht so sehr die Bewusstlosigkeit als vielmehr die Verwirrtheit. „Gedächtnisschwund" hieß früher die gnädige Umschreibung, später dann auch „Arterienverkalkung". „Demenz" nennt es heute distanziert die Medizin – und eine ihrer Sonderformen hat es auch in der Bevölkerung zu trauriger Berühmtheit gebracht: die Alzheimersche Krankheit. Macht uns die Bewusstlosigkeit nur in höchstem Maße schutz- und hilflos ausgeliefert, so droht die Demenz uns zusätzlich vor allen anderen lächerlich zu machen. Sie untergräbt unseren Wert als Menschen, und sie droht alles zu zerstören, was wir ein Leben lang zu unserem Schutz als Person aufgebaut haben. Sie reißt alles ein, was wir an Reputation entwickelt haben. Sie ist der eigentliche Angriff auf unser Menschsein. Denn lange sind die Zeiten vorbei, da man der „Narretei" auch gute Seiten abgewinnen konnte, sich vielleicht gar bemühte, aus den Worten des verwirrten Menschen tiefes Wissen zu entschlüsseln.

Dennoch lohnt es sich, einmal darüber nachzudenken, welche Werte wir vielleicht verschenken, wenn wir gedankenlos den irrenden, den verwirrten Menschen derart ins Abseits stellen. Waren es nicht in anderen kulturellen Zusammenhängen gerade Menschen, die wir heute als verwirrt bezeichnen würden, die seherische Begabungen besaßen und damit wegweisend für ihre Mitmenschen wurden, gerade in schwierigen, verwirrenden Zeiten? – Sind nicht gerade die Heiler, die Schamanen, in den Stammeskulturen dadurch ausgezeichnet, dass sie „mit den Geistern" zu sprechen vermögen und auf diese Weise Heilung herbeiführen? – In beiden Beispielen ist also die Verwirrtheit kein Problem, sondern eine Lösung für Probleme. Muss es da nicht erlaubt sein, einmal darüber nachzudenken, ob sich nicht auch bei manch einem unserer heutigen verwirrten Menschen hinter der Verwirrung ein Lösungsversuch verbirgt, den wir nicht bekämpfen, sondern fördern sollten?

Einen damit verwandten Aspekt der Verwirrtheit zeigt der Dichter Paulo Coelho in seinem Roman „Veronika beschließt zu sterben". Dort erzählt er die Sage eines Königs, der sein Volk mit großer Weisheit regiert. Eines Tages aber vergiftet ein böser Zauberer die Brunnen seiner Untertanen, so dass diese völlig verwirrt werden und nur noch Unverständliches reden. Der König, dessen Brunnen nicht vergiftet wurde, wird von seinem Volk, das ihn bis dahin verehrte, nicht mehr anerkannt, weil sie ihn, den „Normalen", ihrerseits für verwirrt halten. Schließlich beschließt er, selbst von den vergifteten Brunnen zu trinken und ebenso verwirrt zu werden wie sie. Nun versteht er sein Volk wieder und was vielleicht noch wichtiger ist, auch sein Volk versteht ihn wieder. Und so kommt es, dass das Leben in diesem Land ohne Zwischenfälle verläuft – „wenn es auch anders war als das der Nachbarvölker", schließt Coelho seine kleine Geschichte. – Wer weiß, so könnte man an dieser Stelle weiterfragen, ob dieses „vergiftete Volk" wirklich verrückt geworden ist. Vielleicht ist es ja in Wirklichkeit ein *guter* Zauberer gewesen, der durch seinen Trank diesen armen verwirrten Menschen das Privileg geschenkt hat, „normal" zu werden – im Unterschied zu ihren nach wie vor verwirrten Nachbarvölkern? Aber was nützt ihnen dieses Privileg? – Es ist verwirrend, über die Verwirrung nachzudenken. Und *das* ist vielleicht sogar der entscheidende Punkt an der Frage, weshalb wir das Thema „Verwirrtheit" als so beunruhigend empfinden, uns so ungern darauf einlassen. Es gibt eben gar keine absolute Verwirrtheit, sondern immer nur eine „Verwirrtheit bezogen auf etwas". Damit ist jeder verwirrte Mensch zugleich ein Angriff auf unser Selbstbild als „Normale". Der verwirrte Mensch stellt uns und unser Weltbild auf beunruhigende Weise in Frage.

Heute entscheidet sich der Wert eines Menschen weitgehend an der Leistungsfähigkeit seines Gehirnes. Sie ist der Maßstab für unsere Geltung in der Gesellschaft. Kein Wunder also, wenn Menschen die Demenz so fürchten. Wird sie doch als Fehlfunktion unseres Gehirnes angesehen. Dabei ist die Demenz eine der besonders häufigen Erkrankungen des Alters: Fast ein Drittel aller Menschen über 85 Jahren sind davon betroffen. Aber schon ab dem 50. Lebensjahr ist sie keine Seltenheit mehr. Die Ursachen dieser Erkrankung sind vielfältig – und ihr Kern liegt noch weitgehend im Dunkeln. Bekannt dagegen sind die Auswirkungen dieser Krankheit. Zu ihnen gehören insbesondere Wortfindungsstörungen, Vergesslichkeit, Gedächtnisverlust, aber auch Störungen der Urteils- und Kritikfähigkeit, Rechenunfähigkeit und Persönlichkeitsveränderungen.

Keine Frage: Menschen mit einer solch fortgeschrittenen Störung der Geistestätigkeit können ihr eigenes Leben in unserer komplizierten Welt nur noch begrenzt regeln. Andere müssen mit ihnen gemeinsam oder auch an ihrer Statt Entscheidungen fällen. Für diese Situation vorzusorgen ist sinnvoll – aber wie? Wer an dieser Stelle alle Eventualitäten regeln möchte, wird immer enttäuscht werden. Zu bunt und vielfältig ist das Leben, als dass sich alle Entwicklungen und Möglichkeiten voraussehen ließen. Auch hier ist es am sinnvollsten, mit vertrauten Menschen wieder und wieder über solche Möglichkeiten schon in gesunden Tagen zu sprechen. Dies sollte mit großer Ernsthaftigkeit und viel Mut geschehen. Denn Mut braucht es durchaus, wenn wir an schwere Lebenskrisen im Vorhinein denken. Was wir aber vor allem brauchen, ist Vertrauen: Vertrauen in Menschen, aber auch Vertrauen darein, dass der Fluss des Lebens es letztlich gut mit uns meint. Das zeigt, dass sich hier auch stets spirituelle Fragen stellen. Antworten hierauf aber lassen sich niemals erzwingen. Sie werden uns nur als Geschenk gegeben – wenn wir bereit sind, dieses Geschenk zu empfangen.

Isolde Weber war es stets wichtig, dass sie gebraucht wurde. Nach dem Tod des Mannes machte es sie zufrieden und glücklich, wenn Tochter oder Sohn sie baten, die Enkelkinder für ein paar Tage zu hüten. Sie sah die Enkelkinder aufwachsen, und als sie nicht mehr zum „Hüten" gebraucht wurde, freute sie sich, wenn sie ab und an zu ihr aufs Dorf zu Besuch kamen, um sie dort in dem kleinen Häuschen mit Garten zu besuchen, das sie und ihr Mann sich nach dem Krieg gebaut hatten.

„Willst du nicht lieber zu uns in die Nähe ziehen?", fragte die Tochter sie eines Tages. Die Mutter wehrte entrüstet ab: „Nur weil ich schon 72 Jahre alt bin, gehöre ich doch nicht schon zum alten Eisen." Die Tochter machte sich Sorgen. Zwei Mal war ihre Mutter in letzter Zeit gestürzt, und ihr Gang wirkte unsicherer als sonst. Andererseits: sie aus ihrer gewohnten Umgebung zu reißen . . .

„Aber Oma, das heißt doch nicht Handlappen." Anna, die 8-Jährige, wollte sich ausschütten vor Lachen. „Das ist doch ein Handtuch", fügte sie belehrend hinzu. Isolde Weber sieht die kleine Enkeltochter unwirsch an. „Das meine ich doch! Und jetzt mach endlich, dass du ins Bett kommst."

„Oma ist manchmal so komisch in letzter Zeit", erzählt Anna ihrer Mutter am nächsten Morgen. „Das mit dem Wörter-Verwechseln macht sie ja schon fast immer. Aber

stell dir vor: Gestern wollte sie mir ein Wurstbrot machen und brachte dann einfach ein trockenes Stück Brot mit Apfelstücken darauf." – „Das ist doch bestimmt sehr gesund", beschwichtigt die Mutter sie. Aber insgeheim macht sich Claudia Sommer Sorgen um die Mutter. Irgendwie ist diese seit einiger Zeit anders. „Ach, was du nur hast. Sie wird eben einfach alt", wehrt der Bruder ab. „Ja schon, aber irgend etwas ist anders bei ihr", beharrt seine Schwester und beschließt, die Mutter bei nächster Gelegenheit wieder auf einen Umzug in ihre Nähe anzusprechen.

„Ich mag bei Oma nicht essen", protestiert die kleine Anna, „das schmeckt immer so komisch." Früher war sie gerne zu der „nahrhaften Oma", wie sie sie spaßend nannte, zum Essen gekommen. Aber seit dem Umzug in ihre Nähe fällt der Oma der Haushalt ganz offensichtlich immer schwerer. „Vielleicht habe ich es früher einfach nicht so gemerkt – oder war der Umzug doch keine so gute Idee gewesen?", grübelt Isolde Webers Tochter. Mehr als der Bruder fühlt sie sich für die Mutter verantwortlich und ärgert sich zugleich darüber, dass der ihre Sorgen nicht ernst nimmt.

„Stell dir vor, heute hat Oma das Mehl in die Kaffeemaschine geschüttet, und seit Wochen bewahrt sie den Zucker im Tiefkühlfach auf", erzählt Anna ihrer Mutter. „Du solltest ihr wirklich mal sagen, wie man das richtig macht", fügt die Kleine altklug hinzu. Die Enkeltochter nimmt wacher, vielleicht auch unvoreingenommener wahr, dass ihre Großmutter nicht mehr die Alte ist. Aber deren beiden erwachsenen Kindern fällt es schwer, bewusst zu akzeptieren, dass mit der Mutter „etwas nicht stimmt".

Erst als Isolde Webers Tochter eines Tages Geldbeutel und Hörgerät im Mülleimer findet, beschließt sie, mit der Mutter einen Facharzt aufzusuchen. „Demenz, vermutlich vom Alzheimer-Typ", notiert der in der Krankenakte und erklärt der Tochter, dass ihre Mutter an einer fortschreiten-

den Störung der Gedächtnis-Leistung und Aufmerksamkeit leidet. „Kann man denn da gar nichts tun?“ Der Arzt kann ihr nur wenig Hoffnung machen, empfiehlt eine Gedächtnis-Trainings-Gruppe, verordnet Medikamente und schlägt vor, einen Pflegedienst zu engagieren, weil die Mutter sich zunehmend körperlich vernachlässigt. „Vielleicht sollten Sie auch die Einrichtung einer Betreuung erwägen“, gibt er zu bedenken.

Die beiden Kinder machen sich gegenseitig Vorwürfe: „Hättest du nicht früher schon einmal . . .“ Sie reagieren wütend aufeinander, auf die alte Mutter und nicht zuletzt auf sich selbst.

„Wirst du auch mal so durcheinander, wenn du alt bist?“, fragt Anna ihre Mutter. Das trifft Claudia Sommer. Sie reagiert unerwartet aggressiv. Genau das ist es ja, was sie sich auch schon gefragt hat. Und sie erinnert sich an Gespräche mit ihrer eigenen Mutter, Jahre mag das zurückliegen. Damals hatte Isolde Weber eine klare Position vertreten: „Wenn ich mal nicht mehr richtig denken kann, sagt mir das bloß rechtzeitig, damit ich mich umbringen kann. So will ich nämlich nicht leben. Entsetzlich die Vorstellung, zum Gespött der Leute zu werden.“ Ob die Mutter jetzt noch ebenso denkt, fragt sich Claudia Sommer besorgt. Zugleich bedauert sie, damals das Gespräch so rasch abgetan zu haben. Ob die Mutter schon etwas ahnte? Ob sie über dieses Thema mit ihr ins Gespräch kommen wollte? „Red' doch so was nicht“, hatte sie ihr damals irritiert geantwortet und damit das Gespräch beendet.

„Natürlich ist es ein Risiko“, ärgert sich Claudia Sommer über den Bruder. „Aber solange es irgend möglich ist, möchte ich sie in ihrer kleinen Wohnung lassen. Das Pflegeheim ist das Letzte, was ich für sie will.“ Der Bruder sieht die Dinge nüchtern, wie er sagt. Irgendwann, meint er, muss sie doch ins Heim – und warum dann nicht schon jetzt? Aber Claudia Sommer schraubt in der Wohnung der

Mutter lieber die Sicherungen für den Herd heraus, nimmt Wasserkocher und Bügeleisen aus der Wohnung und hofft, dass die Mutter noch eine Weile daheim bleiben kann.

Claudia Sommer ist beunruhigt, wenn sie ihre Mutter nicht zu Hause antrifft. Als gerichtlich bestellte Betreuerin (der Bescheid kam jetzt nach Monaten endlich) spürt sie die zusätzliche Last der Verantwortung. Aber deswegen die Wohnung abschließen? Das wäre unmenschlich, entscheidet sie. Der Mutter hat sie Kärtchen mit ihrer Anschrift in alle Manteltaschen gesteckt und ein Bild mit entsprechender Information auf dem örtlichen Polizeirevier abgegeben. Der Facharzt hatte ihr dazu geraten. „Wissen Sie", hatte er ihr erklärt, „diese Menschen haben so etwas wie ein Steuerprogramm im Kopf, das sie in der Regel immer wieder nach Hause zurückführt – wenn sie nur nicht gestört werden."

Auf dem Dorf, wo sie leben, gibt es wenig Störungen. Die Apothekerin kennt Isolde Weber schon lange. Früher kaufte sie dort immer selbst ihre Medikamente ein. Wenn die alte Frau jetzt dort auftaucht, bekommt sie ein Stück Traubenzucker und geht zufrieden wieder. Manchmal kramt sie in ihren Taschen und fördert noch ein kleines Geldstück zutage. Das legt sie dann freundlich nickend auf den Tresen. – Mit dem Verstehen klappt es schon lange nicht mehr so recht bei ihr: „Ich bin furchtbar schwerhörig", antwortet sie stereotyp und höflich den Menschen, die sie unterwegs ansprechen. Auf diese Weise bleibt sie auch noch lange ein akzeptiertes Mitglied des kirchlichen Frauentreffs, den sie seit Jahren besucht. „Ihre Mutter sitzt einfach da, schaut freundlich in die Runde, isst auch mal ein Stück Kuchen. Ich glaube, die meisten mögen sie mit ihrer stillen Art ganz gerne", erzählt die Leiterin der Gruppe Claudia Sommer.

„Ach, das ist Ihre Mutter", spricht eine fremde Dorfbewohnerin Claudia Sommer eines Tages an, als sie Mutter und Tochter auf dem Markt trifft. „Sie kommt alle paar

Tage zu mir ans Haus, geht dann einfach auf die Terrasse, setzt sich da hin und geht nach kurzer Zeit wieder. Manchmal biete ich ihr ein Glas Milch an. Sprechen tut sie ja nicht viel, aber sie ist immer so freundlich und höflich. Kürzlich hat sie mir sogar die ganze Wäsche abgenommen. War allerdings noch nicht so ganz trocken." Nickend verabschiedet sie sich wieder.

Isolde Weber ist gestürzt. Die Tochter findet sie am Boden in der Wohnung. „Oberschenkelhalsbruch", vermutet der Hausarzt und weist sie ins Krankenhaus ein. Sie wieder auf die Beine zu bekommen, erweist sich als äußerst schwierig. Isolde Weber muss das Gehen ganz neu lernen. Und sie lernt es nicht mehr wirklich. Die Ärzte raten zum Rollstuhl. Und jetzt resigniert auch Claudia Sommer. Die aufwendige Versorgung, die jetzt erforderlich ist, kann und will sie nicht selbst leisten. „Dann müsste ich ja mich und mein ganzes bisheriges Leben aufgeben. Das will ich aber nicht." Sie sucht einen Pflegeheimplatz für die Mutter.

Bereits ein halbes Jahr ist Isolde Weber jetzt schon im Pflegeheim. Die erste Zeit war schwierig. Ihr Gebiss und die Hörgeräte hat sie zweimal in die Toilette geworfen und gespült, ehe die Pflegerin sie retten konnte. „Dann ist das vielleicht auch nicht mehr nötig", entscheidet Claudia Sommer schließlich für ihre Mutter. – Das Verhältnis zwischen Mutter und Tochter hat sich deutlich verändert. „Es ist viel entspannter geworden", berichtet sie dem Bruder. „Es ist, als wenn eine ganz seltsame Milde von Mutter ausgeht. Natürlich versteht sie mich nicht mehr. Ich sie übrigens auch nicht. Es sind nur noch Silben, die sie aneinander reiht. Aber auf einer tieferen Ebene verstehen wir uns jetzt besser denn je. Ich mag sie in den Arm nehmen, sie streicheln und so. Lauter Dinge, die ich früher nie getan habe. Und sie genießt das ganz offensichtlich." Manche Tage erkennt die Mutter ihre Tochter gar nicht. Und dann wie-

der huscht ganz überraschend ein tiefes Erkennen über ihr Gesicht. Die Augen leuchten, und sie sagt ein langgezogenes „Oh, du . . ." Für Claudia Sommer ist das dann ein Geschenk. An solchen Tagen kehrt sie besonders guter Stimmung nach Hause zurück.

Wenn Claudia Sommer jetzt zu ihrer Mutter kommt, sitzt diese manchmal wie in Wachträumen da, so als sei sie in Gedanken ganz weit weg oder in einer Art Halbschlaf. „Sie schläft viel", bestätigt die Pflegerin. – Isolde Weber schreckt auf, wenn sie von der Tochter berührt wird. „Stören Sie sie doch nicht", protestiert bei solch einer Gelegenheit eine Mitbewohnerin, die ebenfalls an einer Demenz, allerdings im frühen Stadium, leidet, „sehen Sie denn nicht, dass sie in Therapie ist!" Claudia Sommer lacht. Dann wird sie nachdenklich. „Vielleicht ist es das ja", sagt sie später ihrem Bruder, „eine Art von Therapie. Überleg mal, wie viel Mutter in ihrem Leben wegstecken musste, wie wenig sie sich alle Belastungen anmerken lassen wollte und wie hart sie das manchmal gemacht hat. Vielleicht erlebt sie manches jetzt einfach noch einmal aus einer anderen Perspektive. Und macht auch noch ganz neue Erfahrungen: jetzt wird sie selbst versorgt und bekommt z. B. von mir eine Liebe, wie ich sie ihr ein Leben lang nicht geben konnte."

Verwirrtheit hat viele Gesichter. Bisweilen ist sie nur eine Phase in unserem Leben, die vorübergeht. Die meisten von uns kennen solche Phasen. Wann sind wir verwirrt? Z. B. wenn wir auf eine Situation treffen, die wir nicht erwartet haben, etwas, das uns entsetzt, etwas, das ganz neu ist. Das bringt auch uns Gesunde leicht aus der Fassung. Die Verwirrung irritiert dann zusätzlich. – Aber es gibt auch das Umgekehrte: Wenn uns etwas sehr beunruhigt, gehen wir „aktiv" in die Verwirrung. Vielleicht kennen Sie das: Sie haben beruflichen Ärger, sind wütend auf Ihren Chef, wissen nicht, was Sie tun sollen. Sie haben das Gefühl, dass auch die Kollegen nicht auf Ihrer Seite sind. Vielleicht gehen Sie dann an den Kühlschrank, holen sich ein Bier, trinken es – und entspannen. Vielleicht genügt diese Entspannung aber nicht. Dann greifen Sie zu einer zweiten oder auch noch weiteren Flaschen. Die Umgebung verschwimmt allmählich, wird undeutlicher, die Erinnerung an das, was war, versinkt in einem gnädigen Nebel des Vergessens. Alles erscheint nicht mehr so bedrohlich. Sie fühlen sich wohler – solange die verwirrende Wirkung anhält.

Verwirrung ist also nicht nur etwas Schreckliches, sondern etwas, worein wir uns bisweilen flüchten, um den Schrecken des Alltages zu entfliehen. Wenn wir eine Situation nicht mehr ertragen können, hilft uns die Verwirrtheit vielleicht, mit ihr umzugehen. Manchmal gibt es aber auch noch etwas Drittes: dann mischen sich die beiden genannten Aspekte der Verwirrung – und lösen etwas. Dann ist die Verwirrtheit vielleicht sogar ein Teil der Lösung.

Berta Köhler ist in den stationären Bereich des Hospizes aufgenommen worden. Sie ist alleinstehend, nur noch eine Tochter kümmert sich gelegentlich um sie. „Aber die hat selbst Probleme genug", sagt Berta Köhler, „die kann ich nicht auch noch belasten." Und sie will sie auch nicht belasten. Eigentlich war sie doch in der Familie immer diejenige gewesen, die entlastet hat. Jetzt will sie diese Rolle nicht einfach aufgeben. Die Tochter ist verheiratet. „Schlecht verheiratet, sehr schlecht sogar. Ich wünschte, ich könnte ihr noch helfen. Aber was soll ich tun?" Berta Köhler ist gerade 84 Jahre alt geworden. Der Brustkrebs, der sie vor 15 Jahren krank gemacht hatte, war lange Zeit ruhig geblieben. Jetzt ist er erneut ausgebrochen, mit zahlreichen Absiedlungen im ganzen Körper.

Ins Hospiz ist sie eigentlich nur wegen der Schmerzen gekommen. Sie ist ganz sicher, dass sie noch einmal nach Hause zurückkommt. Schließlich hatte sie den Krebs bisher doch so lange in Schach halten können . . . Zugleich weiß sie, dass die Ärzte ihr nur noch wenig Zeit geben. „Aber was wissen die schon. Ich werde doch noch gebraucht. Gerade jetzt, wo die Tochter in solch einer Krise ist."

Auf das Sterben will sie sich nicht ansprechen lassen, wehrt ab, wechselt schnell das Thema. „Das hat noch Zeit . . ." – Dabei wird sie doch unverkennbar schwächer. Das Bett kann sie kaum noch verlassen, braucht intensive Unterstützung. – „Einen Seelsorger? Bestimmt nicht", wehrt sie ab. Die Tage vergehen.

„Sehen Sie die Männer?" Sie zieht mein Ohr ängstlich näher an ihren Mund. „So geht das schon einige Tage. Ich habe den anderen bisher noch nichts davon gesagt. Aber da stimmt etwas nicht." – Von den Krankenschwestern habe ich gehört, dass sie ihnen allen etwas Ähnliches mitgeteilt hat. Die Männer, die da neuerdings an ihrer Tür vorbeigehen, mit breitkrempigem Hut, als Schatten im Glas der Türfassung nur für sie erkennbar, beunruhigen sie.

„. . . Ja, dann verschwinden sie natürlich ganz schnell!" Sie ist empört über meine Einfältigkeit, als ich ihr vorschlage, dass wir die Tür öffnen und den Flur gemeinsam beobachten könnten, um die Männer näher in Augenschein zu nehmen.

Die Beunruhigung von Frau Köhler steigert sich von Tag zu Tag. Besonders schlimm wird es zum Abend hin. Laufend klingelt sie die Schwester herein. Medikamente zur Beruhigung lehnt sie vehement ab: „Ich muss doch aufpassen, damit meiner Tochter nichts passiert. Besser die Männer kommen hierher als zu ihr. Ich werde noch eher mit ihnen fertig. Sie ist doch so hilflos. Was soll ohne mich nur aus ihr werden?"

Ich sage ihr, dass ich die Männer nicht sehen könne, die mittlerweile auch „ganz dreist" ins Zimmer hereinspazieren, dass ich aber merke, dass sie sehr beunruhigt davon sei. Ich schlage ihr vor, mit den Männern Kontakt aufzunehmen, sie anzusprechen. „Fragen Sie sie doch einmal, wer sie sind und was sie wollen", rate ich ihr. – „Nein, nein, bloß nicht." Sie weicht geängstigt zurück. „Außerdem sind das viel zu viele." – „Suchen Sie sich den Anführer und sprechen Sie den an", rate ich ihr. – Es geht nicht.

Als ich später wieder komme, liegt die alte Frau noch immer verängstigt zusammengekauert im Bett. Mir kommt ein Gedanke: „Vielleicht sollten wir dem Anführer der schwarzen Männer einen Brief schreiben?" Sie zögert. Schließlich willigt sie ein, fühlt sich aber zu schwach, um noch selbst schreiben zu können. Schließlich diktiert sie mir, erst stockend, dann immer flüssiger. Ein seltsames Gemisch an Formulierungen steht auf dem Papier. Sie fleht den „Leiter" an, doch ihre Tochter zu verschonen, ihr nichts Übles zu tun. Zunächst sind die Formulierungen der Alltagssprache entnommen. Dann ändert sich die Sprachform. „Bitte erhöre mich ... Gib ihr die Hilfe, die sie braucht ... Ich bete dich an ... bis in alle Ewigkeit ..." Manche Formulierungen erinnern an alttestamentarische Klagepsalmen, sind im Stil kirchlicher Gebetstexte formuliert. Auch der Angesprochene wechselt offenbar in ihrer Vorstellung die Gestalt. Zum Teil scheint er teuflische Züge zu tragen, etwas Satanisches scheint von ihm auszugehen. Dann wieder betet sie ihn an, mit Worten wie in einem Gebet. Es liest sich wie ein Zweikampf zwischen dem Guten und dem Bösen.

Ein langer Text steht schließlich auf dem Papier. Berta Köhler liegt erschöpft in den Kissen, wirkt wie in Trance. – Schließlich geht ein Ruck durch ihren Körper: „Lesen Sie den Text noch einmal vor." – Als ich am Ende bin und wieder schweige, nickt sie kaum merklich mit dem Kopf. – „Was soll mit dem Text nun geschehen?", frage ich etwas ratlos. Berta Köhler sieht mich überrascht an: „Natürlich abschicken!" – „An wen?" – Sie zögert. „Na an den Leiter da oben", sie zeigt an die Decke. Ich schreibe. „Adresse?" – „Nehmen Sie die vom Hospiz", sagt sie bestimmt und diktiert mir eine etwas seltsame Formulierung, in der immerhin der Begriff „Hospiz" und die Ortsangabe der Wach-Realität entstammen.

Ich verspreche ihr, den Brief noch heute – ordentlich frankiert – in den Briefkasten zu geben. In dieser Nacht schläft Berta Köhler seit langer Zeit wieder durch, ohne von schwarzen Männern beunruhigt zu werden. – In den nächsten Tagen kommen die dunklen Männer allmählich wieder, wenngleich seltener. Sie scheinen auch nicht mehr ganz so bedrohlich zu sein. – Wenn ich abends, bevor ich das Haus verlasse, noch einmal zu ihr hereinschaue, fragt sie jedes Mal besorgt: „Ist der Brief wohl angekommen?" – „Ich weiß es nicht. Hier jedenfalls noch nicht", antworte ich wahrheitsgemäß. Sie ist besorgt. Die Gestalten gewinnen wieder an Intensität.

Etwa eine Woche später finde ich den Brief „an den Leiter da oben" in meinem Posteingang. Ich gehe sogleich zu ihr hinunter, um zu berichten. Sie lächelt zufrieden. „Dann ist ja alles gut", murmelt sie. – Von diesem Moment an sind die dunklen Gestalten verschwunden und kommen nicht wieder. Zehn Tage später ist Berta Köhler gestorben.

III
Der Wunsch nach aktiver Sterbehilfe

Die Stimme am Telefon ist schwer zu verstehen. Offenbar ein sehr alter Mensch, der mich da anruft. „Es geht um meinen Sohn“, verstehe ich schließlich. „Er ist schwer krank und möchte nicht mehr leben. Man hat mir gesagt, Sie könnten in solchen Fällen helfen.“ – Solch ein Anruf im Hospiz ist keine Seltenheit. Die Hospizbewegung ist ja angetreten, die Wünsche sterbender Menschen ernst zu nehmen und so weit wie möglich zu erfüllen. Warum nicht auch solche Wünsche, könnte man meinen? Es scheint mir am Telefon nicht der rechte Ort zu sein, um mit dem Vater des Kranken die Frage zu diskutieren, wo der Respekt vor den Wünschen des Sterbenden mit den ethischen Grundprinzipien der Hospizbewegung in Konflikt geraten muss und die Grenze der Hilfe markiert. Also fahre ich hinaus in den Vorort am Rande der Stadt, um die Familie Vollmer zu besuchen.

Ich treffe ein altes Ehepaar an. Beide tieftraurig. Die Mutter mit geröteten Augen. Der Vater verstohlen in sein Taschentuch schnupfend. Ein rührender Anblick und der Beginn einer Beziehung, die auch an mir nicht spurlos vorübergehen sollte. Stockend erzählt mir der Vater, dass sein jüngster Sohn Bernhard, der gerade 43 Jahre alt geworden ist, seit Jahren an einer ALS, einer Amyotrophen Lateralsklerose, leidet. Für mich ist diese Krankheit so ziemlich das scheußlichste, was ich als Arzt kennen gelernt habe. Sie beginnt ganz harmlos mit Schwäche in der Muskulatur. Vielleicht eine Art Erschöpfung, so scheint es. Dann werden die Muskellähmungen immer deutlicher, unübersehbarer. Schließlich der Gang zum Neurologen, der auch die Diagnose stellt und erläutern muss, wie diese Krankheit weiter verläuft: die Muskelschwäche nimmt immer mehr zu. Zunächst braucht der Kranke einfach viel Unterstützung bei allen Bewegungen, vor allem natürlich beim Gehen. Schließlich kommt er in den Rollstuhl. Aber auch das Schlucken wird immer schwieriger, und schon früh erreicht die Lähmung die Stimmbänder. Das Sprechen ist nicht mehr möglich. Noch kann der Kranke sich mit Schreiben helfen. Irgendwann geht auch das nicht mehr. Vielleicht hilft ein Computer noch eine Weile. Aber schließlich ergreift die Lähmung alle Muskeln, so dass gerade noch die Augenmuskulatur bewegt werden kann. Mitteilungen können nur noch über ein Blinzeln mit den Augenlidern vermittelt werden. Eine mühselige Form der Kommunikation. Dabei bleiben die Kranken geistig vollkommen wach und klar.

Jede Verrichtung bedarf bei den Betroffenen der Hilfe. Keine nächtliche Bewegung ohne Hilfe. Keine Fliege, die ohne Hilfe vom Gesicht gescheucht werden kann. Vollkommenes Ausgeliefertsein, völlige Hilflosigkeit. Für welchen Menschen wäre dies nicht ein Albtraum? – Bernhard Vollmer, ein dynamischer Ingenieur, hatte von Anfang an gegen die Krankheit mit allen Mitteln rebelliert. Er hatte das gesamte Internet nach Behandlungsmöglichkeiten durchforstet, mit Hilfe von Freunden selbst exotischste Behandlungsvorschläge erprobt. Schon schwer krank, war er noch im Rollstuhl nach Indien gereist, um eine spezielle Therapie zu erproben. „Vielleicht ist seine Krankheit deswegen so langsam vorangeschritten", überlegt der Vater.

Aber er hat sich auch auf den „Ernstfall" frühzeitig vorbereitet. Eine Patientenverfügung hat er sorgfältig formuliert (er wusste ja seit langem, was auf ihn zukommt) und in ihr Anweisung gegeben, dass er, sobald er in den Zustand völliger Bewegungslosigkeit kommen würde, seine Tötung verfüge. Er hat auch klare Vorstellungen formuliert, wie diese Tötung vorzunehmen sei. Seine Freundin ist – wie die Eltern – in alles eingeweiht. Nun schauen die beiden alten Leute mich ratlos an, warten, dass ich eine Entscheidung *fälle. „Wir können das nicht, das eigene Kind . . .“ Die Mutter schüttelt schluchzend den Kopf. „Die Freundin bringt es auch nicht fertig. Sie riet zu dem Anruf bei Ihnen.“*

Ich möchte den Kranken sehen. Er wohnt, seitdem er so hilflos geworden ist, in der kleinen Einliegerwohnung der Eltern mit hübschem Blick in den Garten. „Er brauchte schon immer sein Eigenes“, erklärt der Vater. „So ist es gut: wir sind immer in der Nähe, wenn er uns braucht.“ – Das Zimmer enthält neben Bett und Tisch vor allem einen Computer mit aufwendiger Peripherie. „Nützt ihm schon eine ganze Zeit nichts mehr“, der Vater schüttelt den Kopf. In einem Rollstuhl vornüber gesunken (die Nackenmuskulatur ist völlig funktionslos geworden), sitzt er im halbdunklen Zimmer. „Er mag auch nicht mehr lange lesen. Strengt ihn zu sehr an.“ – Ich kann nicht erkennen, ob er mich wahrgenommen hat, gehe in die Knie, um seine Augen zu sehen. Der Vater hebt seinen Kopf an: Große, graublaue Augen schauen mich aus einem ausgezehrten, weil muskellosen Gesicht an. „Was kann ich für Sie tun?“ „H-E-L-F-E-N S-I-E M-I-R.“, buchstabiert der Vater mit Hilfe einer einfachen Sprechtafel und dem Blinzeln des Sohnes erstaunlich rasch dessen Antwort. Ich zögere. „Welche Hilfe möchten Sie?“ „D-I-E S-P-R-I-T-Z-E.“ So klar habe ich mir die Antwort nicht gewünscht. Sie kam nicht unerwartet, aber trifft mich dennoch wie ein Schlag in die Magengrube. Ich reagiere hilflos: „Das werde ich nicht tun, aber ich werde schauen, wie ich Ihnen Erleichterung geben kann.“ Die Augen des Kranken, die eben noch forschend zu blicken schienen, erlöschen. Ich bin abgemeldet.

Ich erkläre den Eltern noch einmal ganz deutlich: „Ich werde Ihren Sohn nicht töten.“ Sie scheinen fast ein wenig erleichtert zu sein – oder wünsche ich mir das nur? – Ich verspreche am nächsten Tag wieder zu kommen und möchte dann mit ihnen über Unterstützungsmöglichkeiten sprechen. Aber dazu kommt es erst einmal nicht. Ich bekomme eine schwere Grippe, schwerer als ich sie je erlebt habe.

Natürlich hat eine Patientenverfügung üblicherweise nichts mit Selbsttötung (Suizid) zu tun. Mit ihr soll niemand aufgefordert werden, einen Kranken zu töten, sondern sie soll unterstützen, dass keine medizinischen Handlungen an einem hilflosen Kranken vorgenommen werden, die dieser nicht mehr wünscht. Sie soll dazu beitragen, dass seine Wünsche auch im Zustand der herabgesetzten Äußerungsmöglichkeiten noch respektiert werden. Dennoch ist die Nähe zwischen Patientenverfügung und „Suizid-Verfügung" in der Praxis unübersehbar. Schon beim Thema der Ernährung (s. Seite 46 ff.) waren wir auf diesen Grenzbereich gestoßen. Und in der Tat führt die Realisation der Verfügung durchaus in manchen Fällen zu einem schnelleren Todeseintritt, wenn dadurch lebensverlängernde Maßnahmen unterbleiben. Viele Menschen, die eine Patientenverfügung schreiben, verbinden damit die Vorstellung, dass „dann alles ganz schnell geht", wenn sie in einen hilflosen Zustand kommen. Faktisch wird also oftmals eine Art Suizidhandlung dabei phantasiert. Aber natürlich ist es viel leichter, über eine Patientenverfügung oder andere Vorsorgemöglichkeiten zu sprechen als über den Suizid.

In unserer Gesellschaft (und das gilt für alle westlichen, christlich geprägten Industriestaaten) gehört der Suizid zu den besonders tabuisierten Lebensbereichen. Es ist noch nicht lange her, da war er in Europa schlicht „verboten", und z. B. in England war der Versuch noch zu Beginn des 20. Jahrhunderts mit Strafe belegt. Der „Selbstmörder" darf auch heute noch nicht überall mit einem ordentlichen Begräbnis rechnen. Seine Tat gilt als verwerflich. Die Polizei ist in Deutschland verpflichtet, einen „Suizidanten" erforderlichenfalls mit Gewalt und gegen seinen Willen an einer Selbsttötung zu hindern.

Diese Tabuisierung steht in keinem Verhältnis zur Häufigkeit von Suizidhandlungen. Allein 1999 erfasste die Todesursachenstatistik in Deutschland 11 000 Selbsttötungen. Die Dunkelziffer ist hoch.

Selbsttötungs-Tendenzen sind kein Thema, das immer nur die anderen angeht! Jeder Mensch erlebt in seinem Leben immer wieder einmal Phasen, in denen er nicht weiterleben will. Es sind meist schwere Lebenskrisen, in denen der Wunsch aufkommt, nicht mehr leben zu wollen. Besonders häufig, so wird gemutmaßt, seien Suizdimpulse im Jugendalter. Tatsächlich ist das Jugendalter dasjenige, in dem zum ersten Male die Suizidalität als Thema und Handlung unübersehbar aufbricht. Es ist zugleich die Zeit der ersten großen, bewusst erlebten Krisen jedes Menschen. Suizid und Krise hängen also eng zusammen.

Schauen wir uns aber die statistischen Daten genauer an, finden wir, dass die Selbsttötungen mit dem Alter zunehmen und insbesondere Männer betreffen. Am häufigsten ist in Deutschland (wie den meisten Industriestaaten) der Suizid bei Männern im hohen Alter. Dies kann uns helfen, besser zu verstehen, warum Menschen überhaupt einen Suizid begehen. Zunächst aber müssen wir uns einmal von der Hoffnung verabschieden, Suizide seien in ihrer Ursache gut erklärbar. Das Gegenteil ist der Fall. Was wir wissen ist nur, dass jede Lebenskrise letztlich in eine Suizidhandlung einmünden kann und nicht an bestimmte psychische Krankheiten gebunden ist.

Die Suizidhandlungen älterer Menschen in den westlichen Industriestaaten sind recht gut untersucht worden. Wenn wir einmal versuchen, die Essenz aus den wissenschaftlichen Daten zu finden, so bleiben folgende Erkenntnisse:

1. Der Suizid steht am Ende einer als aussichtslos erlebten Lebenssituation. Er stellt nicht den Wunsch dar, zu sterben, sondern bedeutet eher: „Ich möchte *so* nicht mehr leben". „Ich halte das Leben in dieser Form nicht mehr aus." Der Suizidversuch heißt deswegen auch im Grunde genommen ganz schlicht: „Helft mir, ich weiß nicht mehr ein noch aus." Das ist es auch, was eine Suizidan-

kündigung bedeutet: Sie ist ein Hilfeschrei. (Übrigens: Fast jeder Suizid wird angekündigt; wer über Suizid spricht, ist in Lebensgefahr!)

2. Menschen neigen insbesondere in Phasen von Depression zum Suizid. Alte Menschen leiden besonders häufig an Depressionen.
3. Menschen neigen besonders zum Suizid, wenn sie an einer schweren, unheilbaren oder auf andere Weise unerträglichen (schmerzhaften ekelerregenden . . .) körperlichen Krankheit leiden. Alte Menschen sind besonders häufig hiervon betroffen.
4. Menschen neigen besonders dann zum Suizid, wenn sie sich isoliert und einsam fühlen. Die Vereinsamung alter Menschen durch den Zusammenbruch von sozialen Beziehungen (mit bedingt durch Tod von Partnern, Freunden, Angehörigen etc.) ist besonders groß.
5. Menschen neigen besonders zum Suizid, wenn sie sich nutzlos fühlen, ihr Leben ihnen sinnentleert vorkommt. Alte Menschen kommen sich vielfach „unnütz" vor, ihrem Leben fehlt dann der Sinn.

Wenn wir uns diese Liste vor Augen halten, wird uns leicht verständlich, weshalb das Thema Suizid eigentlich bei sterbenden Menschen ein wichtiges, häufiges Thema sein müsste: Sie sind oftmals von schwerer Krankheit betroffen, leiden unter Schmerzen, fühlen sich einsam, isoliert und nutzlos. Die Frage ist eher, weshalb bemerken wir es so selten? Wie gesagt: Wenn wir genau hinschauen, finden wir, dass im Leben fast jedes sterbenden Menschen das Thema Suizid irgendwann einmal eine Rolle spielt. Es gibt vermutlich kaum ein langsames Sterben ohne Suizidgedanken. Deshalb müssen wir als Helfende darauf gefasst sein und besonders darauf achten, um die Isolation des Betroffenen nicht weiter zu vergrößern.

Und: Wir müssen darauf achten, dass wir das Thema Euthanasie, also die Beihilfe zur Selbsttötung, bei sterbenden Menschen nicht als etwas anderes zu definieren versuchen als bei einem voll im Leben stehenden Menschen. Allerdings: bei einem sterbenden Menschen sind unsere Handlungsmöglichkeiten in gewisser Weise eingeschränkt. Einen Sterbenden mit Gewalt am Suizid hindern zu wollen, ist besonders grotesk.

Cicely Saunders, die Gründerin des weltweit ersten Hospizes neuer Art, hat darauf hingewiesen, dass wir bei dem Wunsch „Ich möchte sterben" eines todkranken Menschen drei Ebenen unterscheiden können, auf denen die Helfenden Antworten suchen müssen:

Am häufigsten bedeute dieser Wunsch eigentlich: „Ich fühle mich einsam; ich möchte über das Thema Sterben mit dir ins Gespräch kommen." Es ist also ein Kommunikationsmotiv und sollte Anlass sein, mit dem Kranken und seiner Familie einen Weg zu gemeinsamem Nachdenken über die jetzt anstehenden Fragen der letzten Lebensphase zu kommen. Ein Gespräch, das in vielen Familien, aber auch in unseren Krankenhäusern und Pflegeheimen vielfach noch immer mit einem strikten Tabu belegt ist. Nur wenn die Kommunikation hier in Bewegung kommt, kann es dazu kommen, dass der sterbende Mensch seine Wünsche und Bedürfnisse äußert und hierauf reagiert werden kann. Die Erkundung der Wünsche Sterbender und die Methoden, sie zu erfüllen, gehören zu den speziellen Entwicklungen der lindernden („palliativen") Medizin, jenes Zweiges der Medizin, der von der Hospizbewegung entwickelt worden ist und sich zu Recht als ganzheitlich bezeichnen darf. – Die damit verbundene Herstellung von Beziehungen bedeutet eine Lösung der Einsamkeit Sterbender und ist damit schon in sich die Erfüllung eines der besonders häufigen Wünsche Sterbender: im Sterben nicht allein zu sein.

Der Wunsch nach Sterbehilfe bedeutet in vielen Fällen aber auch – ähnlich wie bei anderen Formen der Suizidalität: „Ich möchte *so* nicht weiterleben". Was einer großen Zahl von Menschen in dieser Existenzphase das Leben vergällt, sind die mit der tödlichen Krankheit oftmals verbundenen körperlichen Beschwerden. Hier ist in erster Linie an Schmerzen zu denken, aber auch an andere körperliche und seelische Belastungen in solch einer Zeit (s. Seite 54 ff.).

Nur in sehr seltenen Ausnahmefällen bedeutet der Wunsch nach Beendigung des Lebens wirklich: „Töte mich." In dieser Situation gilt in Deutschland noch immer eine klare Antwort: Es ist gegen Recht und Gesetz, einen Menschen absichtlich zu töten. Dennoch haben wir respektvoll mit diesem Wunsch eines Sterbenden umzugehen, ihn nicht moralisch zu bewerten oder den betroffenen Menschen in seiner Not allein zu lassen. Wir müssen den suizidalen Menschen in seiner Not besonders ernst nehmen und ihm auf seinem emotional qualvollen Weg Nähe und Geborgenheit anbieten. Oftmals gelingt es dann doch, gemeinsam die Wurzeln des Suizidwunsches zu entdecken und die Suizidalität zu lösen.

Wichtige Voraussetzung für eine angemessene Hilfe besteht darin, dass wir uns selbst und unsere eigene Suizidalität gut genug kennen. Wenn es richtig ist, dass jeder Mensch immer wieder selbst in suizidale Krisen gerät, dann besteht eine erhebliche Gefahr darin, dass wir mit Hilfe des kranken Menschen, den wir begleiten, unsere eigenen Probleme zu lösen suchen. Unser eigenes Suizidproblem ist uns allemal näher als das unseres Nächsten, es stellt sich also zwischen uns und den anderen, wenn wir nicht achtsam genug mit uns selbst sind.

So war es kein Wunder, dass ich nach meinem Besuch bei Bernhard Vollmer gewissermaßen „umgehauen" wurde: ALS, diese für mich unerträgliche Erkrankung, war mir hier wieder einmal begegnet, und ich konnte den Suizidwunsch des Kranken nur zu gut verstehen. Würde ich an seiner Stelle nicht ähnlich denken, nicht ebenso eine „Todesspritze" erhoffen? Die Krankheit hatte mir das Problem gezeigt, vor dem *ich* stand.

Eine Woche nach meinem ersten Besuch bin ich schließlich wieder bei Familie Vollmer. Angespannt sehen mich die Eltern an. Ich lese die Frage in ihren Gesichtern: „Werden Sie es doch tun?" Ich schüttele den Kopf. Die Mutter entspannt sichtlich. Der Vater nickt nachdenklich mit dem Kopf: „Es wäre vielleicht nicht recht, oder?"

Ich hatte Zeit gehabt, mir einige Gedanken darüber zu machen, wie mehr Wohlgefühl in das Leben des Kranken kommen könnte: Entlastung der Familie durch einen kompetenten Pflegedienst, Begleitung des Kranken durch einen im Umgang mit Schwerbehinderten besonders erfahrenen Zivildienstleistenden, bessere Hilfsmittel zur Stabilisierung restlicher Körperfunktionen von Bernhard Vollmer usw. Die Eltern sind überrascht über die Möglichkeiten, die ihnen zur Verfügung stehen und eigentlich schon lange zugestanden hätten. Bernhard Vollmer selbst nimmt die Hilfen an. Er erscheint mir auch deutlich zufriedener. Auf die Frage nach seinem Ergehen antwortet er mir aber stereotyp: „S-C-H-L-E-C-H-T". Ansonsten möchte er nicht mit mir sprechen.

Nach einigen Wochen beginnt Bernhard Vollmer zu drängen, seinen Suizidwunsch wieder nachdrücklicher vortragend. „Was soll das alles noch?", buchstabiert er seinen Eltern. Seit der Zivildienstleistende regelmäßig kommt, geht das „Sprechen" viel schneller. Der junge Mann hat eine rasche Auffassungsgabe und ahnt meist nach wenigen Buchstaben, welches Wort gemeint ist. Meist ergänzt er schon nach wenigen Worten den Satz zur Zufriedenheit des Schwerkranken. Dieser klagt den Eltern gegenüber seine große Angst, zu ersticken. Ein schrecklicher Tod, wie er zu Recht meint. Ich versuche, ihm über die Eltern zu erklären, weshalb diese Gefahr jedoch bei ihm nicht besteht. Er glaubt mir nicht.

Die Eltern lassen ihn schließlich auf sein Drängen hin in einer Spezialklinik vorstellen, wo er ein Sauerstoffgerät verordnet bekommen will. Dort erklärt man ihm jedoch, wie wenig Sinn ein solches Vorhaben hat und dass er bei seiner

Erkrankung nicht mit Ersticken zu rechnen habe. Vielmehr werde seine Atmung immer schwächer werden, wodurch der Sauerstoffaustausch geringer werde, was kein Erstickungsgefühl auslöse, sondern eine so genannte „Kohlendioxyd-Narkose": d. h., er werde schließlich sanft ermüden, benommener werden und ruhig und sanft an der Übersättigung des Blutes mit körpereigenem Kohlendioxyd sozusagen „einschlafen", das heißt sterben. Diesen Ärzten, die mit ihrer sachlichen Routine offenbar seinen technischen Jargon treffen und dabei sehr nüchtern reagieren, glaubt er.

Für einige Wochen kehrt auf diese Weise etwas Ruhe in der Familie ein. Doch dann kommen die bohrenden Suizidwünsche erneut. Ich spüre, wie ernst es ihm damit ist. Und ich weiß zugleich, dass ich mit einer solchen „Hilfe" alle meine Überzeugungen verraten würde. Aber ich weiß auch, dass ich ihn nicht hindern würde, wenn er selbst Hand an sich legen würde. Aber dazu ist er ja nicht mehr in der Lage – oder doch? – Eines Morgens, im Aufwachen, kommt mir eine Lösung in den Sinn. Mir fällt ein, wie mühsam schon lange das Essen für ihn geworden ist. Eine geschlagene halbe Stunde benötigt der geduldige Vater, um ihm nur ein kleines Glas Wasser einzuflößen. Schon mehrfach habe ich nachgefragt, ob nicht eine PEG-Sonde eine bequemere Lösung für alle Beteiligten sei. Stets hatte der Kranke dies abgelehnt. Wie wäre es, geht es mir an diesem Morgen durch den Sinn, wenn er das restliche Essen und Trinken vollends einstellen würde?

Nach einigem Zögern erläutere ich den Eltern diesen Vorschlag, denn mich will der Kranke seit einiger Zeit nicht mehr sehen. Ich spreche alles Erforderliche mit ihnen durch und höre mich selbst sagen: „Ich kann ihm versprechen, dass ich einen solchen Weg schützen werde, auch gegenüber Dritten."

Die Eltern denken nach. Der Vorschlag erscheint ihnen einleuchtend. Wenn er sich selbst töten würde – sie würden es mittlerweile fast mit Erleichterung annehmen. Und wä-

re es nicht ein ganz natürlicher Prozess? Würde damit im Grunde genommen nur dem Verlauf der Krankheit und dem Nachlassen der Schluckfunktionen einfach nachgegeben? – Sie besprechen alles mit dem Sohn. Der hört sich dies an, scheint nicht zu reagieren. – Die Tage vergehen, und nichts geschieht. Ich habe es schon öfter erlebt, dass sterbenskranke Menschen zwar den dringenden Wunsch äußern, getötet zu werden, aber die ihnen zur Verfügung stehenden Möglichkeiten nicht nutzen, so als wäre der Suizid durch die Hand eines anderen eine letzte, spezielle Form der Gemeinschaft, die sie suchen.

An einem Urlaubsmorgen, ich bin mit der Familie in Spanien, geht das Handy: Frau Vollmer ist am Apparat. „Es ist so weit", höre ich sie, „Bernhard hat heute Morgen aufgehört zu essen und zu trinken." Unter Tränen berichtet sie, dass am Tag zuvor, es war ihr Hochzeitstag, morgens ein riesiger Strauß roter Rosen auf dem Tisch stand. Dabei lag ein zärtlicher Brief des Sohnes an sie, in dem er ihr für alle Liebe dankte. Und für den Vater, der das Süße liebt, stand eine große Torte dort, mit einem Gruß aus Zuckerguss. „Ich glaube, das sollte sein Abschiedsgruß an uns sein. Er hat das alles ganz heimlich mit Hilfe des Zivis vorbereitet." Ich spüre meinen Magen, fühle mich schlecht. Wie sehr hatte ich gehofft, ja schließlich fest daran geglaubt, er werde „es" nicht tun. Kann ich wenigstens mein Versprechen, seinen Suizid zu schützen, von hier aus einlösen? Am liebsten wäre ich sofort zurückgeflogen. – Täglich telefoniere ich mit dem Ehepaar Vollmer, berate sie, erkläre die notwendigen pflegerischen Maßnahmen – und würde viel lieber den Kopf in den Sand stecken.

Drei Tage später: „Was sollen wir tun?", fragt diesmal der Vater am Telefon, „er will sofort in die Klinik; er brauche dringend diese Magensonde." Ich heule fast vor Erleichterung. Wird nun alles gut werden?

Ich bin wieder zurück in Deutschland, fahre gleich hinaus zu Familie Vollmer. Bernhard Vollmer ist kaum wie-

der zu erkennen. Erstaunlich wie ihn das „Essen“ über die PEG-Sonde verändert hat. Er sieht fast wohlig aus. Es ist, als sei der graue Schleier, der so lange über der Szene gelegen hatte, weggewischt. Alle wirken entspannter. Der Zivi hockt lässig auf der Tischkante und blättert das Buch um, in dem der Kranke liest. Ich lächle. „Wie geht's?“ – „S-C-H-L-E-C-H-T“, buchstabiert Bernhard Vollmer. Und dabei bleibt er. Wann immer ich komme, dieselbe einsilbige Antwort.

Zwei Monate später: Vater Vollmer hat, wie meist in den letzten Monaten, auf einem Feldbett neben seinem Sohn die Nacht verbracht. Er wird durch jedes veränderte Atemgeräusch seines Sohnes sofort wach. Diesmal hat er gut geschlafen. Als er zu ihm hinüberschaut, sieht er es gleich: Bernhard atmet nicht mehr. Mit einem zufriedenen Lächeln liegt er in seinem Bett.

Organtransplantation – Was zu bedenken ist

Einige der gängigen Formulare für Patientenverfügungen enthalten auch eine Rubrik zum Thema Organtransplantation. Angekreuzt werden kann z. B. ein Text wie „Ich bin damit einverstanden, dass nach meinem Tode folgende Organe entnommen werden können . . .“

Alice Grundmann kreuzt die Stelle an, ohne viel nachzudenken. „Dann ist mein toter Körper doch noch zu etwas gut“, entscheidet sie. Ich lächle ein wenig, als ich ihr dabei zuschaue. Frau Grundmann ist 76 Jahre alt. Es ist höchst unwahrscheinlich, dass die Transplantationsmediziner noch Interesse an ihren Organen haben werden. Dort ist man eher an „jungem Material“ interessiert – aber nicht nur. Ich widerspreche der alten Frau nicht. Warum sollte ich ihr die Illusion nehmen?

Auch die Sache mit dem toten Körper ist womöglich eine Illusion. Denn wenn der Körper eines Menschen wirklich ganz tot ist, dann sind auch Organe oder Organteile kaum noch zu verwerten, schon gar nicht Herz, Lunge oder Niere. Deshalb hat die Transplantationsmedizin eine neue Definition für „tot“ entwickelt, den „Hirntod“. Diese Definition hat sich weitgehend durchgesetzt und ist mittlerweile auch gesetzlich (s. Seite 43 f.)verankert – eine durchaus nicht unproblematische Entwicklung. Nach dieser Definition genügt es nämlich, dass das *Gehirn* eines Menschen tot ist. Die sonst üblichen, einfachen Kriterien zur Todesfeststellung wie ausgefallener Herzschlag und fehlende Atemtätigkeit gelten hier nicht mehr; sie sind ersetzt worden durch eine sehr komplizierte Diagnostik der Hirntätigkeit, die durchaus mit Unsicherheitsfaktoren belastet ist.

Hirntot – das ist ein Begriff, bei dem es sich um ein höchst theoretisches Konstrukt handelt, das mit unserer sinnlichen Wahrnehmung keineswegs übereinstimmt. „Hirntote“ zeigen durchaus noch sehr lebendige Reaktionen: Sie können noch mit Herzklopfen reagieren, wenn ein vertrauter Mensch sich ihnen nähert, sie schwitzen noch, und auch ihre Ausscheidungen funktionieren noch. Bisweilen bewegen sie sich sogar noch, besonders dann, wenn schmerzhafte Prozeduren an ihnen durchgeführt werden. Auch deshalb muss zur Organentnahme bei diesen „Hirntoten“ eine ganz normale Narkose durchgeführt werden. – All das widerspricht entscheidend unserem Bild von einem Toten. Hirntote sind eben auch nicht im landläufigen Sinne tot. Andernfalls wären ihre Organe ja auch nicht mehr verwertbar, die müssen nämlich noch „lebendig“ sein. Nur die Funktionen ihres Gehirnes sind im Wesentlichen erloschen – so weit man dies von außen feststellen kann jedenfalls.

Das Hauptproblem bei der Entscheidung zur Zustimmung zu einer Organentnahme dürfte darin liegen, dass eigentlich nur jeder Mensch ganz allein für sich entscheiden kann, ob er sich bereits als „Leiche“ definieren lassen möchte, wenn seine Hirntätigkeit weitestgehend erloschen ist, oder ob er in der Entnahme von Organen eine Unterbrechung seines Sterbeprozesses sieht. – Hier gibt es kein wirkliches „Richtig" oder „Falsch", sondern nur eine ganz persönliche Position, über die nachzudenken es sich lohnt, ehe man einen Organspenderausweis unterschreibt oder eine entsprechende Position in einer Patientenverfügung ankreuzt.

Zugleich machen diese Überlegungen aber auch deutlich, dass es kaum möglich ist, eine solche Entscheidung für einen anderen Menschen zu treffen. Denn sie berührt sehr persönliche, ja intime Wertvorstellungen, die eine eingehende Diskussion wert sind. Wer sollte diesen Entscheidungsprozess für einen anderen Menschen vollziehen können? Aber genau das verlangt das Transplantationsgesetz von den Angehörigen immer dann, wenn ein „Hirntoter" keine eindeutige Willensäußerung schriftlich hinterlassen hat. Dann den „mutmaßlichen Willen" des Bewusstlosen zu erkunden ist nicht weniger schwierig als bei den Fragen, bei denen die Vorausverfügungen (wie Patientenverfügung, Vorsorgevollmacht u. Ä.) auch sonst zum Einsatz kommen. Auch deshalb ist es gut, gerade bei jungen Menschen, diesen Aspekt in die Vorsorgeverfügungen einzubeziehen – auch wenn er schließlich nur wenige Menschen betreffen wird.

Es ist spät abends, als Erika Neumann den Anruf aus der Klinik bekommt. Sie solle sich rasch dort einfinden. Michael, ihr 24-jähriger Sohn, sei schwer verletzt eingeliefert worden. Es stehe ernst um ihn. – Ohne zu überlegen, fast automatisch, zieht sie sich ihren Mantel über, greift nach den Autoschlüsseln und fährt los. Wie in einem Nebel fühlt sie sich. Die Gedanken kreisen in ihrem Kopf, überschlagen sich, laufen durcheinander. Später wird sie sagen, sie wisse gar nicht, wie sie in die Klinik gekommen sei. – Erika Neumann ist 46 Jahre alt. Von ihrem Mann lebt sie schon seit Jahren getrennt. Michael ist ihr einziger Sohn, an dem sie sehr hängt. Zwar ist er längst schon bei ihr ausgezogen, führt sein eigenes Leben. Aber er wohnt kaum 30 km von ihr entfernt, und es gibt ihr ein gutes Gefühl, dass sie sich gegenseitig leicht besuchen können, wenn ihnen der Sinn danach steht. Sie ist stolz auf ihren Sohn. Die Zeit der Schwierigkeiten mit ihm ist lange vorüber. Es ist „etwas aus ihm geworden", findet sie. – Nur die Sache mit dem Motorrad passt ihr nicht. Oft schon hat sie ihn gebeten: „Lass doch das olle Ding stehen." Er hat immer nur gelacht und sie in den Arm genommen „Ach Muttchen . . ." Was sollte sie da noch sagen?

Jetzt ist sie in der Klinik angekommen. Dort wird sie vom Pförtner auf die Intensivstation im zweiten Stock geschickt. Dreimal verläuft sie sich. Dann ist sie endlich dort. Irgendwie fühlt sie sich wie blind. Alles scheint so unwirklich: das nüchterne Blaugrau der Wände, das grelle Licht der Neonlampen, die fremdartigen Geräusche und die feuchte Wärme, die sie umgibt.

Und da liegt Michael. Sie hat ihn sofort erkannt, als die Schwester sie an sein Bett geführt hat. Deren Erklärungen hat sie nicht verstanden. Es klang alles irgendwie beunruhigend. Aber jetzt steht sie an seinem Bett. Sie sieht ihn atmen, seine Haut sieht rosig aus. Zwar ist da dieser Schlauch in seinem Mund und die vielen Geräte um ihn her, aber er fühlt sich angenehm warm an, und hat er nicht eben sogar die Hand ein wenig bewegt, als sie ihn vorsichtig berührte?

Wie gerne würde sie sich einfach ein wenig neben ihn setzen. Plötzlich spürt sie, wie müde sie ist. Suchend blickt sie sich nach einem Stuhl um. Aber so etwas scheint es hier nicht zu geben. – Nein, hier könne sie jetzt nicht bleiben, bedeutet ihr die Schwester. Die Stationsärztin warte auf sie. Das klingt beruhigend. Selbst jetzt, zu dieser späten Stunde, sind die Ärzte noch für ihren Sohn da. Und wie hoffnungslos hatte sie sich auf dem Weg hierher ein paar Mal gefühlt!

Was die Ärztin, eine freundliche junge Frau in grünem Kittel, ihr da erklärt, versteht sie einfach nicht. Sie will doch nur wissen, ob es noch einmal gut mit Michael wird, will die Bestätigung bekommen für das, was sie eben gesehen und gespürt hat und was sie ganz sicher gemacht hat, dass er leben wird. – Aber immer wieder schüttelt die Ärztin den Kopf: Nein, das scheine ihr nur so, entgegnet sie. Der Sohn sei im Grunde genommen schon seit Stunden tot – leider. Sein Kopf habe den Aufprall auf den Asphalt nicht überstanden. Was sie da sehe, das seien nur noch Restfunktionen; sie hätten seinen Zustand durch einen Spezialisten ganz genau überprüfen lassen. Das Gehirn sei bereits abgestorben. Dort liege eigentlich ein Toter.

Als sie später davon berichtet, wundert sich Erika Neumann, wie ruhig sie bei alledem geblieben ist. Warum hat sie nicht geschrien? Eigentlich hätte sie die Ärztin schütteln müssen. Was redete die da? Sollte sie ihren eigenen Augen weniger trauen als der Ansicht irgendwelcher Experten? War es nicht ihr Sohn, den sie kannte, seit 24 Jahren? Wie konnten diese fremden Menschen sich da eine Meinung bilden, über ihren Kopf hinweg?

Die Ärztin ist freundlich. Sie versucht die Mutter, die da vor ihr steht und offenbar gar nichts aufnimmt, zu verstehen. Es muss schwer für diese Frau sein. Aber die muss doch auch ihre Situation als Ärztin verstehen! Angenehm findet sie das nicht. Auf solche Situationen hat einen doch niemand im Studium vorbereitet. Wie kann sie dieser Frau klarmachen, dass ihr Sohn – medizinisch gesehen – bereits tot ist, jedenfalls hirntot? – Sie wird ungeduldig. Die Zeit drängt. Das Explantationsteam will endlich wissen, ob über die Organe verfügt werden kann. Das Zögern kostet Zeit und vermindert womöglich die Qualität der Organe. Der Sohn ist doch sowieso tot. Daran lässt sich eben nichts ändern.

Als man sie nach ihrer Zustimmung zur Organentnahme fragt, weiß Erika Neumann im Grunde genommen gar nicht, was sie da entscheidet. Eigentlich will sie nur zurück zu ihrem Sohn. Dort gehört sie jetzt hin. Das spürt sie; egal, was andere von ihr wollen. – Nun gut, wenn ihr Sohn wirklich tot sein sollte, dann mag mit den Organen geschehen, was wolle. Mit Organspende hat sie sich nie beschäftigt, schon gar nicht mit Michael darüber gesprochen. Wozu auch? Ans Sterben zu denken, dazu war er doch noch viel zu jung. Sie will, dass ihr Sohn lebt. Und jetzt, jetzt gehört sie erst einmal an sein Krankenbett.

Als sie zurück zu ihrem Sohn kommt, sind eine Schwester und ein Pfleger eifrig um ihn bemüht. Sie spürt, da kann sie jetzt nicht stören. Zu beachten scheint sie ohnedies niemand. Sie wartet – worauf?

Sorgfältig löst der Pfleger einige Schläuche, setzt dann behutsam das Bett in Bewegung. Bewegungslos sieht Frau Neumann zu, wie ihr Sohn aus dem Raum gerollt wird. Sie wird ihn nie wieder sehen.

Was Erika Neumann erlebt hat, geschieht in Deutschland jährlich einigen tausend Angehörigen. (So groß ist die Zahl der jährlichen Organspender in der Bundesrepublik.) Die meisten von ihnen trifft die Nachricht von dem bevorstehenden Tod eines lieben Menschen völlig überraschend, aus heiterem Himmel. Das ist ja das Wesentliche an den so genannten Organ-„Spendern": dass es sich meist um junge Menschen handelt, sehr junge Menschen oft, die mitten aus einem gesunden Leben gerissen werden, in den allermeisten Fällen durch einen Unfall.

Die Angehörigen, die in eine solche Situation kommen, sind eigentlich mit anderem beschäftigt als mit der Frage, ob sie die Organe des Menschen, der da angeblich im Sterben liegt, opfern sollen, damit ein anderer Mensch leben kann. Meist befinden sie sich im Schock; einer Reaktion also, mit der unsere Seele uns vor psychischen Überlastungen schützen will. Schock bedeutet, die Welt in einer Art Nebel zu sehen, sich „ganz unwirklich" zu fühlen, wie ein Traumwandler zu reagieren oder ein Roboter. Der Mensch im Schock ist nicht wirklich bei sich, ist nicht wirklich er selbst. Es ist mehr als fraglich, ob er in dieser Phase überhaupt „geschäftsfähig“ ist, wie die Juristen sagen würden. – Wie lange die Phase des Schocks dauert, ist nicht vorhersehbar – manchmal nur Stunden, manchmal aber auch Tage, gar Wochen.

Aber genau dies ist die Zeit, in der Angehörigen eine äußerst schwer wiegende Entscheidung abverlangt wird, die in ihren Konsequenzen nicht mehr umkehrbar ist. Sie sollen entscheiden, ob bei dem für hirntot erklärten Menschen der Tod des gesamten Organismus durch eine Organentnahme herbeigeführt werden darf.

Was wird also den Angehörigen eines Unfallopfers in dieser Situation alles abverlangt! Neben den belastenden Gefühlen einer solchen Situation sollen sie selbst für den Fachmann komplizierte Zusammenhänge aufnehmen und verstehen. In der Phase des Schocks oder eines Zustandes, in dem sie eigentlich Fürsorge, Trost und jede nur erdenkliche Unterstützung benötigen würden, sollen sie jetzt eine der vielleicht schwerwiegendsten Entscheidungen ihres Lebens fällen. Bedenkt man, wie lange wir uns oft weit banalere Entscheidungen überlegen möchten: z. B. welche Schule unser Kind besuchen soll oder welchen Beruf wir ergreifen wollen; ein Haus, das wir kaufen möchten ... Und hier muss innerhalb von Minuten, höchstens Stunden, über die Erlaubnis zur Explantation und damit über einen Eingriff in den Sterbeprozess entschieden werden.

Fragt man Erika Neumann Jahre nach diesem Ereignis, wie es ihr in Erinnerung geblieben ist, so ist es letztlich gar nicht die damalige Entscheidung, die sie heute belastet. Nein, sagt sie, manchmal habe es sogar etwas Tröstliches, dass da vielleicht in einem anderen Menschen noch etwas von Michael weiterlebt. Was sie heute belastet und was sie lange Zeit in tiefste Verzweiflung gestürzt, zu Selbst-

tötungsgedanken getrieben und körperliche Erkrankungen ausgelöst hat, das sind die Umstände, die den Tod ihres Sohnes begleitet haben. Heute, im Rückblick, hat sie durchaus Vorstellungen, wie es für sie besser gewesen wäre, wie sie diese schwierigste Phase ihres bisherigen Lebens gesünder überstanden hätte, wie sie die durch die Umstände der Organentnahme erschwerte Trauer besser hätte bewältigen können. Aber wen interessiert das noch?

Wie hilfreich wäre es für Frau Neumann gewesen, wenn sie in gesunden Zeiten mit ihrem Sohn über das Thema der Organtransplantation gesprochen hätte. Sie hätte nicht nur in der vielleicht schwierigsten Phase ihres Lebens mehr Sicherheit gehabt. Es wäre vielleicht auch tröstlich für sie gewesen zu wissen, welche Vorstellungen ihr Sohn mit dem Leben und dem Sterben und der Beziehung dieser beiden Pole verbunden hat. Welche Mutter weiß das schon von ihrem Sohn?

Wie hilfreich wäre es für sie auch gewesen, wenn es in der Klinik, in der ihr Sohn verstorben ist, schon ein Unterstützungsprogramm für Hinterbliebene gegeben hätte. So etwas aber ist hierzulande nach wie vor eher eine Seltenheit.

Deshalb hatte niemand in der Klinik wahrgenommen, dass Erika Neumann viel mehr Zeit gebraucht hätte, um sich von ihrem Sohn zu verabschieden. Wie gerne hätte sie ihn noch einmal in den Arm genommen. Und da war niemand, mit dem sie über ihre Gefühle sprechen konnte. Stattdessen bot man ihr Beruhigungsmittel an. Und schließlich hätte sie sich eine fachkundige Begleitung in der Trauer gewünscht. Zwar hat sie später Kontakt zu Eltern gesucht, deren Kinder ebenfalls so früh verstorben waren, bald aber gespürt, dass ihre ganz besonderen Erfahrungen und Fragen von den anderen Müttern kaum verstanden wurden.

Deshalb sollte – wer einer Organentnahme zustimmt – mit bedenken, wie sehr auch Angehörige darunter leiden können, da es in Deutschland noch keine ausreichende Nachsorge für Hinterbliebene von Organspendern gibt.

Nicht alles muss geregelt werden

In diesem Buch geht es um Vorsorgemöglichkeiten in einer wichtigen Lebensphase. Deshalb ist es nur konsequent, dass hier viel von Planungen, Regelungen, Maßnahmen – vielleicht sogar von Festlegen und Bestimmen die Rede ist. – Trotzdem oder auch gerade deswegen ist es gut, an dieser Stelle einmal innezuhalten, einen vorübergehenden Perspektivenwechsel zu versuchen – und dabei zugleich einiges bereits Erwähnte zusammenzufassen. Dazu wollen wir zunächst noch einmal das wichtige Beispiel der Bewusstlosigkeit aufgreifen:

„Falls ich in einen Zustand dauernder Bewusstlosigkeit durch schwere Dauerschädigung meiner Gehirnfunktion gerate ... wünsche ich keine Intensivtherapie, Wiederbelebungsmaßnahmen und sonstigen lebensverlängernden Eingriffe." – Solche oder ähnliche Aussagen stehen häufig im Zentrum von Formulierungsvorschlägen für eine Patientenverfügung. Sie charakterisieren die Ängste der Verfügenden. Es lohnt sich durchaus, noch einmal darüber nachzudenken, in welchen Situationen solche Anweisungen Bedeutung bekommen können.

Wird ein Mensch – sei es wegen eines schweren Unfalles oder eines akuten Organversagens wie Herz- oder Nierenstörungen – auf einer Intensivstation aufgenommen, stellt sich zunächst meist nicht die Frage nach einer Vorausverfügung. Denn erst einmal muss geklärt werden, welcher Art die Störung ist, ob sie behoben werden kann, wie die Besserungschancen stehen usw. Ob z.B. ein Gehirn einen schweren Dauerschaden erlitten hat, kann nur durch eine Reihe von zum Teil recht aufwändigen Spezialuntersuchungen gesichert werden. Ist das Gehirn z.B. durch einen Verkehrsunfall nahezu völlig zerstört (eine recht eindeutige Situation also), wird ärztliches Tun ohnedies auf eine Stabilisierung der Situation nur noch dann hinwirken, wenn der restliche Körper noch zu einer Organtransplantation „verwendet" werden soll. Die Ärzte werden also vielleicht nach einem Organspender-Ausweis suchen. Immerhin sind sie inzwischen auch standesrechtlich dazu verpflichtet, nach einer Patientenverfügung und einer Vorsorgevollmacht zu fragen – auch wenn sie es wohl noch nicht überall tun.

Häufig ist das Ergebnis der ersten Untersuchungsserien aber keineswegs eindeutig. Eine schwere Blutung oder Durchblutungsstörung im Gehirn wird zwar akut schwerste Ausfälle bewirken; diese sind jedoch meist nach einiger Zeit wieder (teilweise) rückläufig. Dann ist erst nach vielen Tagen, Wochen oder gar Monaten das endgültige Ausmaß des „bleibenden Schadens" oder der „Dauerschädigung" des Gehirns abzusehen. Bis dies geklärt werden kann, sollte durchaus einiges getan werden, um optimale Lebensbedingungen für den Betroffenen herzustellen.

Inzwischen hat sich der Zustand der Kranken meist wesentlich stabilisiert. Immer wieder gibt es sogar – ärztlich dokumentierte – Berichte von Menschen, die noch nach Jahren aus einem Koma erwachten und ein erfülltes Leben fanden. – Aber auch wenn der Kranke nach längerer Zeit noch immer tief bewusstlos sein sollte, hat er die Intensivstation meist schon längst wieder verlassen. Er ist zum Pflege- oder Rehabilitations-„Fall" geworden.

Der nunmehr chronisch kranke – oder genauer gesagt: behinderte – Mensch liegt mittlerweile vielleicht sogar schon im Pflegeheim, weil eine häusliche Versorgung die Angehörigen – so es sie überhaupt gibt – überfordern würde. Entscheidungen im Sinn einer Vorausverfügung stehen also gar nicht an. Solche Entscheidungen treten erst dann wieder auf, wenn der Zustand des behinderten Menschen sich dramatisch verändert: z. B. wenn eine akute Infektion auftritt oder eine Nahrungsaufnahme plötzlich nicht mehr möglich ist, weil der Schluckreflex versagt. Die nun anstehenden Entscheidungen sind äußerst komplex, wie die vorausgegangenen Kapitel gezeigt haben. Sie bedürfen meist intensiver Gespräche aller Beteiligten, um herauszufinden, was in dieser Situation das

Richtige ist. Dabei kann z. B. die Patientenverfügung ein hilfreiches Indiz sein. Sie ist aber gewiss kein „einfaches Beweismittel", um eine bestimmte Entscheidung zu rechtfertigen. Hier sind andere Kräfte und Fähigkeiten gefragt.

An zwei Stellen haben Vorausverfügungen (seien es Patientenverfügung, Vorsorgevollmacht oder Betreuungsverfügung) – wenn sie aus einem intensiven Diskussionsprozess hervorgegangen sind – den größten Nutzen und sind von schier unschätzbarem Wert:

Einmal gewissermaßen als *„didaktisches Instrument":* Damit ist gemeint, dass eine solche Vorausverfügung für den verfügenden Menschen, seinen Arzt und seine Angehörigen bzw. Freunde eine Möglichkeit darstellt, über Gedanken und Fragen zum eigenen Lebensende miteinander ins Gespräch zu kommen. Es kann etwas sehr Intimes und damit Beziehungsstiftendes sein, wenn ein Mensch einem anderen seine eigenen, ganz privaten Vorstellungen von einem würdigen Lebensende mitteilt – und ihn vielleicht sogar noch bittet, an dessen Gestaltung aktiv mitzuwirken. Diese Gemeinsamkeit und eine – vielleicht sogar gegenseitige – Einbeziehung in die letzten Lebensplanungen können den Rahmen, wie ihn die Vorsorgeverfügungen setzten, weit überschreiten und dann eher so etwas wie einen „Freundschaftsvertrag" darstellen, der gegenseitigen Respekt und Schutz in der letzten Lebensphase sichern kann.

Zum anderen nützt eine Vorausverfügung als verstärkender *„Resonanzboden" für die Wünsche des Sterbenden.* Bei vielen Erkrankungen, wie z.B. den so häufigen Krebserkrankungen, entsteht die Frage einer Behandlung in der Zeit einer etwaigen Bewusstlosigkeit kaum jemals. Wenn eine so schwere Dauerschädigung des Gehirnes eines Krebskranken eingetreten ist, dass daraus ständige Bewusstlosigkeit resultiert, wird wohl niemand mehr ernsthaft lebensverlängernde Maßnahmen erwägen. Viel häufiger ist es so, dass ein Schwerkranker zwar wachen Geistes ist, aber einfach körperlich wie seelisch zu schwach, um sich nachhaltig Ärzten gegenüber durchsetzen zu können. In dieser Situation ist ein vertrauter Helfer, der auch noch auf eine formelle Legitimation verweisen kann, von unschätzbarem Wert. Er kann den vielleicht nur gehauchten Wünschen des Sterbenskranken den notwendigen Nachdruck verleihen, so dass dessen Wünsche wirklich respektiert werden.

Wir können also einiges für uns selbst schon in gesunden Tagen tun, um in der Zeit des Sterbens vor respektlosem, unsere Würde als Menschen beschädigendem Handeln geschützt zu sein. Aber es gibt keinen einfachen und schon gar keinen „einfach sicheren" Weg zu diesem Ziel. Wir selbst mit unserer ganzen Person sind hier gefordert: Wir müssen uns für uns selbst einsetzen, und wir müssen es in Gemeinschaft mit anderen tun und leben.

Wir können es auch nicht einmal und endgültig tun. Die Achtsamkeit gegenüber unseren Bedürfnissen und Wünschen am Lebensende – mit all ihren Wandlungen – ist eine lebenslange Aufgabe, die nur wir selbst erfüllen können. Dies bedeutet, den Tod, d. h. die Begrenztheit unseres Lebens, stets in unsere Überlegungen mit einzubeziehen. Wer dies tut, kann entdecken, dass der Tod uns zwar tiefe Angst macht – das ist Teil unseres Menschseins. Er wird aber auch entdecken, dass die Wahrnehmung der Grenzen unserer menschlichen Existenz den Blick frei gibt für die Einmaligkeit und Kostbarkeit unseres irdischen Daseins.

Vielleicht bekommen wir dabei auch die Gelassenheit zu spüren, die darin liegt, dass wir erkennen, dass sich zwar nicht alles im Leben (und schon gar nicht im Sterben) regeln lässt, dass wir aber auch nicht alles planend regeln *müssen*. Manchmal genügt es, einfach die Dinge geschehen zu lassen und den Weg auf diese Weise zu Ende zu gehen oder zu Ende gehen zu lassen.

Ingo Schwarz ist ein Eigenbrötler. „Immer schon gewesen", sagt er und lacht dazu ein selbstironisches Lachen, „aber immer ehrlich geblieben!" Das ist ihm wichtig. Auch zur

Last gefallen ist er anderen nie – „schon gar nicht dem Staat", wie er betont. Schon früh musste er auf eigenen Füßen stehen. Wenn die Belastungen zu groß wurden, betäubte er die seelischen Schmerzen mit Alkohol. – Mit seiner Lebensweise, immer ein bisschen am Rande der Gesellschaft, konnte er keine Reichtümer anhäufen. Aber mit seinen Händen Dinge herzustellen, die andere schön fanden oder einfach brauchen konnten, das reichte, um auf irgendeine Weise durchzukommen.

Leicht hat er es wahrlich nicht gehabt in seinem Leben. Die frühe Kindheit fiel in das Ende des Zweiten Weltkrieges und in die Nachkriegszeit. „Seitdem weiß ich, was Hunger ist – und deshalb ist mir auch das Essen so besonders wichtig geworden", berichtet er der Freiwilligen Helferin des Hospizes, die ihn regelmäßig besucht. Auf alles kann er im Notfall verzichten; aber Essen, das ist der Genuss schlechthin für ihn. „Wenn ich das nicht mehr kann, dann trete ich sofort ab, freiwillig und ohne zu zögern." Das Thema kommt immer wieder auf, denn Ingo Schwarz kann im Moment das Essen nicht mehr genießen. Die Ernährung erfolgt über einen Plastikschlauch, der operativ durch die Bauchdecke gelegt worden ist, direkt in den Magen. Dreimal täglich hängt er sich selbst die Flasche mit der Spezialnahrung an. Seine Speiseröhre hat ein bösartiger Tumor verlegt.

„Aber das ist nur vorübergehend", betont er, „das haben sie mir in der Klinik versprochen." In zwei Wochen ist ein Nachuntersuchungstermin. Dann soll geklärt werden, ob die Qualen der Operation und der Bestrahlungen etwas genützt haben. Eigentlich hat er sich der Therapie nur deswegen ausgesetzt, weil er die ganze Zeit darauf gehofft hat, wieder normal essen zu können.

Die Freiwillige Begleiterin ist besorgt. Morgen ist der Untersuchungstermin, an dem sich „alles" entscheiden soll. „Was ist, wenn die Speiseröhre nicht mehr durchgängig wird?", fragt sie besorgt in der Teamsitzung.

„Keine Hoffnung mehr", das ist alles, was Ingo Schwarz herausbringt. Eigentlich müsste er wütend sein. Aber er ist nur wie gelähmt. – Und dann kommt die Wut doch noch. Niemanden will er mehr sehen. Auch die vom Hospiz nicht. Sonst gibt es sowieso kaum noch jemanden in seinem Leben. Nur der Pflegedienst, der gelegentlich nach ihm schaut. Den braucht er halt noch.

Die Freiwillige Begleiterin ist alarmiert: „Ich glaube, er macht Ernst. Hat er doch immer gesagt, dass er sich umbringen will, wenn er nicht mehr richtig essen kann. Irgendwie kann ich ihn sogar verstehen. Aber das können wir doch nicht einfach zulassen!" – Nein, einfach zulassen können und wollen wir es nicht. Aber ihm den Kontakt aufzwingen? Wozu überhaupt kann man einen todkranken Menschen zwingen? Seine Ankündigung „Dann trete ich sofort ab" war gewiss nicht einfach so dahingesagt. Das spürt die Begleiterin ganz deutlich. Die Suizidgefährdung ist nicht zu übersehen. Aber in dieser Situation womöglich Zwangsmaßnahmen ergreifen . . .?

Wir vereinbaren, dass die Freiwillige Helferin wenigstens telefonisch noch Kontakt zu Ingo Schwarz zu halten versucht. Aber auch das will er nach zwei bis drei Anrufen nicht mehr. Er wisse ihre Fürsorge zu schätzen, gibt er ihr auf seine sanfte Art zu verstehen, aber er wolle einfach seine Ruhe haben. Das sei ihm jetzt das Wichtigste. Wenn er sie brauche, werde er sich schon wieder melden.

„Versuch du doch einmal, ihn anzurufen, du bist doch Psychiater!" Ich verstehe das Drängen der Mitarbeiterin. Ich will ja auch nichts unversucht lassen. – Ich erreiche ihn am Telefon sofort. „Es ist wirklich nett, dass Sie sich alle solche Sorgen um mich machen", höre ich eine freundliche, sanfte, etwas schleppende Stimme. Ein bisschen verwaschen kommt mir die Sprache vor. Ob er etwas eingenommen hat? Tabletten? „Aber das ist doch gar nicht nötig. Ich sorge schon selbst für mich." – Ich spreche ihn direkt auf seine Suizidalität an. „Nein, nein, wo denken Sie denn hin?

Ich will Ihnen sagen, was ich jetzt vorhabe: Ich werde jetzt meine Ernährungsflasche nehmen, hinaus gehen und mich draußen auf die Wiese legen. Die Flasche hänge ich in den Baum und lasse es mir einfach gut gehen." Während ich ihm zuhöre, taucht vor meinem inneren Auge ein wunderschön blühender Apfelbaum auf. Ich sehe die Sonne durchs Geäst auf den Mann scheinen, der entspannt im Schatten des Baumes liegt.

Dann höre ich das Auflegen des Hörers und bin wieder in der Realität, schaue aus dem Fenster: Draußen ist ein nassnebliger Novembertag. Das paradiesische Bild, das mir Herr Schwarz gegeben hat, zeigt vielleicht etwas von seinen Hoffnungen, aber vor allem ist es beunruhigend. Es ist das Bild eines Mannes, der dem Tode ganz nahe ist.

Weil er auf das Telefon nicht mehr reagiert, fährt die Freiwillige Helferin zur Wohnung von Ingo Schwarz hinaus, trifft ihn aber nicht an. „Sollen wir die Polizei einschalten?" Aber mit welchem Ziel? Um uns zu beruhigen? – Der Pflegedienst hatte bisher immer noch Kontakt zu ihm. Sie versprechen, sich sofort zu melden, wenn sie nicht in seine Wohnung kommen.

Schon am nächsten Morgen kommt der Anruf des Pflegedienstes: „Herr Schwarz reagiert auf kein Klingeln und Klopfen; da stimmt etwas nicht." – Jetzt bitten wir die Polizei, die Wohnung zu öffnen. Wenigstens soll er nicht hilflos dort liegen. Aber die Wohnung ist leer. Die Polizei veranlasst eine Personensuche. Am Nachmittag rufen sie uns wieder an. „Ich möchte Ihnen mitteilen, Herr Schwarz ist heute morgen im St.-Josefs-Krankenhaus verstorben", höre ich eine geschäftsmäßig klingende Stimme, „weitere Auskünfte darf ich Ihnen nicht geben. Aber vielleicht möchten Sie Herrn Dr. Kreuzer auf der Intensivstation anrufen. Der kann Ihnen vermutlich Genaueres sagen."

Ich fühle mich schlecht. Habe ich versagt? Hätte ich nicht mehr tun müssen? Vielleicht wäre er noch zu retten gewesen, wenn ich früher und energischer eingegriffen hät-

te. Hätte ich das nicht gemusst? – Aber: hätte ich das gedurft?

„Bei Ihnen ist heute morgen der Patient Ingo Schwarz nach einem Suizidversuch verstorben", höre ich mich sagen, als ich den Kollegen am Telefon habe. Am anderen Ende der Leitung entsteht eine Pause. Dann: „Ja, verstorben ist er schon, aber wie kommen Sie auf Suizid? Das war eine Massenblutung aus der Speiseröhre. Ist bei seinem Befund kein Wunder. Eher erstaunlich, dass er nicht schon früher so massiv geblutet hat." Der Kollege seufzt: „Wir haben wirklich alles getan, um die Blutung zu stillen und ihn wieder mit Transfusionen zu normalisieren. Und gerade als seine Blutwerte sich normalisiert hatten, da versagt einfach das Herz. Es ist schon frustrierend! Eine ganze Nacht Arbeit umsonst."

Später erfahren wir von einem Freund des Verstorbenen, was damals im Anschluss an meinen Anruf geschehen wart: „Ingo machte sich auf den Weg zu seiner Schwester. Dort tauchte er bisweilen auf, wenn es ihm schlecht ging. Die Schwester war aber noch bei der Arbeit. Ingo legte sich also auf die Couch und wartete. Dann muss ihm übel geworden sein. Er hat das Blut gesehen und sich mit letzter Kraft ins Krankenhaus geschleppt. Das liegt ja gleich um die Ecke. Den Rest kennen Sie."

IV
Die juristische Sterbehilfediskussion

Die Diskussion um die Entscheidungen am Lebensende, insbesondere unter dem Schlagwort der Sterbehilfe und aktiven Euthanasie geführt, ist auch und gerade von den Juristen aufgegriffen worden. Sowohl die Rechtswissenschaft als auch die Gerichte haben sich mit diesen Themen auseinandergesetzt. In diesem Kapitel soll die Gelegenheit gegeben werden, einmal losgelöst von seiner eigenen Situation und den Überlegungen, individuell Vorsorge zu treffen, die juristische Diskussion nachzuvollziehen und auch zu ermitteln, welche Bedeutung die rechtlichen Fragen für alle Beteiligten, die Ärzte, die Pflegekräfte, die Krankenhäuser und Heime, haben.

Die Bedeutung der juristischen Diskussion

Die Verrechtlichung greift um sich, und dies gilt in gewisser Weise auch für die Bewertung und Legitimation von Entscheidungen am Lebensende über das Ende des Lebens: War es in früheren Zeiten in die Hände Gottes gelegt, kulturell ritualisiert, wurde das Lebensende weitestgehend durch die Grenzen der Medizin bzw. von zum Tode führenden Krankheiten bestimmt, so eröffnen längere Lebenserwartung und Möglichkeiten der modernen Medizin Optionen für ein längeres Leben und beschwören Entscheidungsnotwendigkeiten herauf, Entscheidungen über das Lebensende. Die Moderne hat ein Doppelgesicht: Die Entscheidungsoptionen nehmen zu, aber die Legitimation traditionaler Entscheidungsinstitutionen zerbricht – gerade im Lichte des rationalen Legitimationsbeschaffers Recht. Gleichzeitig sind die juristischen Institutionen auf die neuen Entscheidungsnotwendigkeiten nur unvollkommen ausgerichtet – oder stoßen auf sehr begrenzte Akzeptanz in der Praxis. Gerade die älteren Menschen, aber auch all die, die sich nicht intensiv mit den ethischen Fragen und einer Art Moral des Umgangs mit dem Lebensende auseinander gesetzt haben, folgen einer moralischen Intuition, die aus vormodernen Zeiten stammt und in unsere Moderne mit ihren neuen Optionen und Legitimationsnotwendigkeiten nicht recht passt. Diese Situation ist eine Herausforderung für alle Beteiligten:

- *Für die Bürger*, für die die individuelle Vorsorge nicht nur in finanzieller Hinsicht, nicht nur sozial, sondern auch in den Fragen des Lebensendes und des Umgangs mit schweren Krankheiten zur eigenen Obliegenheit wird. Wenn ich will, dass mein Wille, meine Werte, wahrgenommen werden und zur Geltung kommen, dann muss ich den Willen kundtun – und dies nicht nur schriftlich, sondern in Interaktion und klärender Auseinandersetzung mit Menschen, die mir nah sind, und mit Menschen, denen ich Vertrauen schenke, wie den behandelnden Ärzten. Entsprechend – und gleichzeitig überraschend – groß ist die Resonanz in den „aufgeklärten" Kreisen, wenn Kommunen etwa über ihre Betreuungsbehörden Informationen über Vorsorgeoptionen (Patientenverfügungen, Vorsorgevollmachten und Betreuungsverfügungen) ausgeben. Allein in Hamburg wurden über 240000 Exemplare einer recht gründlichen Informationsbroschüre verteilt. Das zeigt Wirkung: Offenbar kann davon ausgegangen werden, dass sich ein Gutteil der Leser zu einer Vorsorgeform entschließt, etwa durch Verfügung und/oder Vollmacht.
- *Für die behandelnden Ärzte*: Sie beraten und entscheiden stellvertretend; sie sind mit den neuen Richtlinien der Bundesärztekammer konfrontiert und ändern ggf. Therapieziele. Sie sind gefragt in ihrer ärztlichen Kompetenz,

in ihrer menschlichen Integrität und einer Haltung, die den Willen des Patienten respektiert. Sie bedürfen freilich für alle ihre Entscheidungen auch der juristischen Legitimation. Auch wenn die Verrechtlichung des therapeutischen Arzt-Patienten-Verhältnisses vielfach beklagt wird: Die situative Asymmetrie im Arzt-Patienten-Verhältnis bedarf einer juristischen Einbettung und Legitimation.

- *Für die Pflegekräfte:* Sie sind in ihrem Alltag damit konfrontiert, dass sich die Frage nach einer PEG-Sonde: ja oder nein, stellt. Die Pflegekräfte veranlassen die Herbeiholung eines Arztes, die Einschaltung eines Betreuers, und sie erörtern mit den Angehörigen gewissermaßen vorweg, aber nicht selten als faktische Entscheidung, wie verfahren werden soll. Dabei lehrt gerade die Pflegewissenschaft, die Begleitung Sterbender nicht primär von den medizinischen Optionen und Entscheidungsnotwendigkeiten her zu verstehen, sondern als eine Gestaltungsaufgabe dieser existenziellen Erfahrung und Grenze des Lebens.
- *Für die Gesellschaft:* Das Thema ist eingebettet in eine öffentliche Diskussion über die Rationierungserfordernisse im Gesundheitswesen, über Möglichkeiten aktiver Sterbehilfe (mit wachsender Zustimmung in der Bevölkerung). Dabei wird deutlich, dass die Stereotypen die öffentliche Diskussion prägen, und wie schwer in die öffentliche Diskussion eine differenzierte ethische Betrachtungsweise zu integrieren ist.

Für die neue Lebenswert-Diskussion bietet die Rechtsprechung Stoff, insbesondere das Urteil des Bundesgerichtshofs vom 13. 09. 1994 – die Kemptner-Entscheidung – das sich mit Fragen des Behandlungsabbruchs befasste. In den hier aufgeworfenen Fragen sind mehr als sonst die Wechselwirkungen von Recht und Ethik, von Recht und Medizin und Pflege und Recht und öffentlicher Diskussion zu konstatieren. Doch bleiben die Welten in der Praxis getrennt: Entscheidungs- und handlungsrelevant werden rechtliche Legitimationen zumindest im ärztlichen Alltag regelmäßig nur im Konfliktfall, so scheint es – oder schien es: Lange Zeit wurden Patientenverfügungen übersehen, als unverbindlich gewertet oder unterstellt, der aktuelle Wille sei auf Lebenserhalt gerichtet. Heute wird auch das Gegenteil berichtet: Manche Ärzte nehmen den Patienten mit seiner Patientenverfügung einfach beim Wort, ohne weitere intensive Prüfung.

Die Rechtslage für Entscheidungen über das Lebensende

Im Folgenden haben wir wichtige Aspekte der aktuellen Rechtsprechung gesichtet.

Die Kategorisierung von möglichen Handlungen im Zusammenhang mit der Begleitung Sterbender ist in der Öffentlichkeit inzwischen hinlänglich bekannt und soll hier kurz skizziert werden, um sodann auf derzeit strittige Fragen und Diskussionspunkte ausführlicher eingehen zu können.

Als *aktive Sterbehilfe* wird die Beendigung schweren Leidens oder die Erleichterung des Sterbens bei aussichtsloser Prognose durch eine gezielte Tötung verstanden. Sie ist in Deutschland verboten. Dabei ist die Grenzziehung zwischen aktiver und so genannter „passiver" Sterbehilfe äußerst schwierig, im Ergebnis häufig willkürlich. Aber es handelt sich dennoch um eine hilfreiche, Komplexität reduzierende Grenzziehung. Im Ausland ist die Rechtslage zum Teil anders, in Holland, in der Schweiz etwa finden wir rechtliche Legitimationsoptionen (in eingeschränktem Umfang) für das, was in Deutschland als „aktive" Sterbehilfe bezeichnet wird.

Die *indirekte Sterbehilfe* ist die Behandlung eines Schwerkranken oder Sterbenden unter Inkaufnahme seines frühen

Todes gemäß seinem erklärten oder mutmaßlichen Willen. Als Beispiel wird hier regelmäßig angeführt, dass durch die Vergabe von starken Schmerzmitteln, insbesondere Morphin, als unvermeidbare Nebenfolge der Schmerzbehandlung der Todeseintritt beschleunigt wird. Dass dies mit einer Absolutheit so nicht richtig ist, insbesondere bei einer lege-artis-dosierten Morphin-Therapie, lässt sich aus der palliativen Therapie lernen, die eher als Ausnahme von einer Lebensverkürzung und allgemein von einer Verlängerung des Lebens und einer Verbesserung der Lebensqualität spricht (s. Seite 54 ff.).

Als *passive Sterbehilfe* wird der Verzicht oder der Abbruch ärztlicher Behandlung oder lebensverlängernder Maßnahmen angesehen, wenn die Krankheit bei aussichtsloser Prognose unumkehrbar einen tödlichen Verlauf genommen hat und der Tod in kurzer Zeit eintreten wird. Weil der Sterbevorgang bereits eingesetzt hat, darf hier auf lebensverlängernde Maßnahmen, z. B. die Beatmung oder künstliche Ernährung, verzichtet werden.

Der *Behandlungsabbruch* ist, anders als die passive Sterbehilfe, als Verzicht und Beendigung von Behandlungsmaßnahmen zu verstehen, wenn ein Sterbeprozess noch nicht, zumindest nicht irreversibel, eingetreten ist. Behandlungsabbruch bei Komapatienten, Beendigung einer PEG-Ernährung bei schwer demenzkranken Personen können als Beispiele angeführt werden. Der Behandlungsabbruch ist nach herrschender Meinung zulässig, wenn dafür eine wirksame Einwilligung vorliegt. Einwilligungen sind Rechtfertigungsgründe in der strafrechtlichen Dogmatik, sie rechtfertigen die ärztliche Behandlung oder das Unterlassen lebensverlängernder Maßnahmen mit der Folge, dass diese Maßnahmen rechtmäßig sind. Der Behandlungsabbruch ist also möglich und ggf. für die Ärzte verpflichtend. Gefragt werden muss: Liegt eine Einwilligung vor? War der Patient aufgeklärt (so er auf eine Aufklärung nicht verzichtet hat)? War er entscheidungsfähig? Werden diese Fragen bejaht, so ist der Behandlungsabbruch Pflicht für die Ärzte, egal, ob die Entscheidung als vernünftig oder unvernünftig bewertet wird. Wenn der aktuelle Wille nicht mehr vorhanden ist, wird auf den *mutmaßlichen Willen* abgestellt, der grundsätzlich die gleiche Qualität wie der aktuelle Wille besitzt. Der mutmaßliche Wille kann auch schriftlich niedergelegt werden, etwa in einer Patientenverfügung. Auch können Angehörige oder andere Personen diesen mutmaßlichen Willen zur Geltung bringen, wobei die Beteiligten dann auf die Glaubwürdigkeit der Wiedergabe des mutmaßlichen Willens angewiesen sind. Der mutmaßliche Wille muss aber so konkret gefasst sein, dass er ausreichend Anhaltspunkte für die Entscheidung in der Situation liefert, in der die Betroffenen ja gerade selbst nicht mehr entscheiden können. Hierzu sind Aussagen über die Werthaltung erforderlich, individuelle Festlegungen für erwartete Krankheiten und ihren Verlauf und die nicht gewünschte Behandlung bedeutsam. Abzulehnen sind Präzisierungen durch lange Listen, in denen für alle Eventualitäten, auf dem heutigen Stand der medizinischen Wissenschaft, wenn denn überhaupt, vom Unterzeichner einer Patientenverfügung abverlangt wird, sich zu entscheiden.

Juristisch wird, die Interpretierbarkeit der Patientenverfügung vorausgesetzt, die Frage aufgeworfen, ob in der betreffenden Situation der in der Patientenverfügung niedergelegte Wille noch aktuell ist. Vereinfachend und die Autonomie missachtend wurde lange Zeit von den Ärzten davon ausgegangen, dass der Lebenswille stets überwiege und grundsätzlich davon auszugehen sei, dass die Patienten eine weitere Behandlung wünschen. Zu Recht „geißelt" Taupitz in seinem Gutachten für den Deutschen Juristentag 2000 diese Position als „fremdbestimmenden Paternalismus". Gleichwohl verbleibt beim Arzt und bei allen anderen Beteiligten eine Art hermeneutische Aufgabe. Sie haben zu überprüfen, was der Patient innerlich erlebt und fühlt und wohin seine Willensrichtung geht. Die Erfahrungen sind so existenzieller Natur und möglicherweise so anders als vorab vorgestellt, dass es die Obliegenheit der begleitenden Menschen und auch der Experten bleibt, sich auf den Weg des Verstehens auch dann zu machen, wenn eine Patientenverfügung vermeintliche Klarheit verspricht.

In der Gestaltung der Patientenverfügung wird auf diese nicht verwiesen, häufig aber auch in umgekehrter Weise nicht auf die Verbindlichkeit der Willensäußerung gepocht. Hier ist die christliche Patientenverfügung recht konsequent. Sie verpflichtet die Ärzte auf den niedergelegten Willen, es sei denn, sie finden Anhaltspunkte, die für einen fortgesetzten Lebenswillen sprechen. Man könnte hier von einer Art Beweislastumkehr für die Ärzte sprechen, die sie bei Vorliegen einer Patientenverfügung verpflichtet, glaubhaft zu machen und konkret nachzuweisen, dass eine Willensänderung vorliegt. Wird dieser mutmaßliche Wille nun geäußert, muss er als in der Situation auch noch gültig angesehen werden, so ist der Behandlungsabbruch nicht nur rechtmäßig, sondern wird auch zur Pflicht der Beteiligten. Dies gilt zwar juristisch, nicht aber in der Praxis, in der Patientenverfügungen in der Regel (noch) keine systematische Beachtung finden. Immerhin aber verpflichtet beispielsweise die Berufsordnung der Ärzte in Berlin diese auf die Beachtung einer Patientenverfügung. Sie sind verpflichtet zu fragen, ob eine solche vorliegt. Hier wird standesrechtlich der Versuch unternommen, eine neue Gepflogenheit und eine neue Verpflichtung zu etablieren.

Bei den heute älteren Menschen, aber auch sonst, ist in der Regel davon auszugehen, dass eine Patientenverfügung oder auf andere Weise verfasste Hinweise auf den mutmaßlichen Willen nicht vorliegen. Man vertraut sich immer noch den Institutionen an, tabuisiert das Thema für sich oder schiebt eine Auseinandersetzung hinaus. Was ist in solchen Fällen mit dem Behandlungsabbruch? Gibt es die Möglichkeit der Entscheidung durch andere, können andere legitimiert sein, für den Betroffenen eine Erklärung abzugeben, der Bevollmächtigte oder der Betreuer, jeweils ggf. mit Hilfe des Gerichtes? Und hat die stellvertretende Einwilligung eines Vertreters die gleiche Rechtsqualität wie die Einwilligung des Patienten? Diese Fragen lassen sich nach der geltenden Rechtslage in Deutschland dogmatisch nicht sauber beantworten. Das deutsche Recht kennt keine Vertretung in höchstpersönlichen Angelegenheiten, wenngleich das Betreuungsrecht (ohne Klärung der dogmatischen Problematik) die Vertretung in Heilbehandlungsfragen und auch in Fragen der Freiheitsentziehung vorsieht (§§ 1904 und 1906 BGB). Heirat, aber auch die Aufstellung eines Testamentes sind in jedem Fall weiterhin der Vertretung entzogen. Muss dies nicht auch für den Behandlungsabbruch gelten? Der Unterschied zur Heirat und zum Testament liegt aber darin, dass man auf eine Heirat verzichten kann, ebenso auf ein Testament. Der Tod liegt unausweichlich vor einem, und Entscheidungen müssen hier so oder so getroffen werden. Gegen die Möglichkeit, eine Vertretung auch in Fragen des Behandlungsabbruchs zuzulassen, wird eingewandt, dass das deutsche Recht keine explizite Regelung kennt, auch durch Rechtsfortbildung, etwa eine analoge Anwendung des § 1904 BGB, eine Entscheidung nicht möglich ist, da der Gesetzgeber bewusst darauf verzichtet hat, für diesen Fall eine Regelung zu treffen. Auch pragmatische Gründe mögen diese dogmatische Ablehnung tragen, da die massenhafte Befassung der Gerichte und ihre Überlastung befürchtet wird. Auch gehört die Entscheidung in diesen existenziellen Fragen nicht unbedingt zum Rollenbild der Richter, bei denen auch eine abnehmende Entscheidungsbereitschaft konstatiert wird. Dies trifft sich dann mit der ärztlichen Zurückweisung juristischer Eingriffe in ihre Autonomie.

Für die Möglichkeit, dass Dritte über einen Behandlungsabbruch entscheiden oder Erklärungen abgeben, spricht, dass ggf. nur mit einem Vertretungsberechtigten dem Willen des Betroffenen Geltung verschafft werden kann und der Autonomieaspekt die Entscheidungskompetenz Dritter verlangt, wenn sie sich an den Wünschen der Patienten orientieren. Dafür spricht weiterhin, dass auf diese Weise eine legitimierte Entscheidung möglich wird, die die Handelnden auch schützt und nicht latent einer strafrechtlichen Beurteilung ihrer Handlungen aussetzt – wobei eine gewisse latente Unsicherheit rechtlicher Art die Aufmerksamkeit und Sorgfalt der Beteiligten unterstützen, wenn auch nicht garantieren kann. Sie stärkt die Verantwortlichkeit und eigene Abwägung der Handelnden. Für einen Behandlungsabbruch lässt sich auch die Rechtsprechung des Bundesgerichtshofes anführen, die nun schon 40 Jahre alt ist. In einem strafrechtlichen Verfahren hat der BGH entschieden, dass die Einwilligung auch bei Fortfall der Willensfähigkeit, bezogen auf die aktuelle ärztliche Heilbehandlung, vorliegen muss oder eine Einwilligung ggf. von einem Gebrechlichkeitspfleger, heute Betreuer, einzuholen ist. Gilt dies auch bei einem Behandlungsabbruch, wenn kein eindeutiger mutmaßlicher Wille vorliegt oder ermittelt werden kann?

An diesen Fragen, und damit an der Zuständigkeit für die Entscheidung, entzündet sich ein äußerst praxisrelevanter, aktueller Streit in der Rechtsprechung.

Das Oberlandesgericht Frankfurt, aber auch das Landgericht Duisburg halten den gesetzlichen Betreuer, Bevollmächtigten und supervidierend gewissermaßen das Vormundschaftsgericht für zuständig und ordnen ihnen damit nicht nur eine Art hermeneutische Aufgabe der Rekonstruktion des Willens des Betroffenen zu, sondern auch eine eigene Entscheidungskompetenz: Entscheidung und Einwilligung des Betreuers mit Genehmigung des Vormundschaftsgerichts treten an die Stelle der Einwilligung des Patienten. Der Betreuer und der Bevollmächtigte sind an die Wünsche des Betroffenen gebunden, ihnen verpflichtet, sie dürfen nicht ihre eigene (Wert-) Entscheidung an die Stelle der des Betroffenen setzen. Dennoch entscheiden sie, kontrolliert, supervidiert von der Gerichtsbarkeit, die ihrerseits keine eigene Entscheidung trifft. Die Bundesärztekammer spricht aber, rechtsdogmatisch nicht ohne Bedeutung, von der *Erklärung* des Betreuers oder Bevollmächtigten, nicht von einer *stellvertretenden Entscheidung*. Juristisch wird diskutiert, ob es sich um eine verbindliche *Erklärung* für den Betroffenen oder aber eine *Entscheidung* für ihn handelt. Die Höchst-Persönlichkeit der Entscheidung über das Lebensende schließt dogmatisch die Entscheidung als eigene, stellvertretende aus, eine entsprechende Erklärung aber ggf. nicht. Aber: Anders als in der Arzt-Patienten-Beziehung, bei der auch stets die beziehungsimmanente Asymmetrie zu berücksichtigen ist, kann beim Bevollmächtigten oder Betreuer an sich die Symmetrie bzw. das Kontraktmodell „Arzt – Bevollmächtigter" für den Patienten gelten, so dass gerade hier das Stellvertreter-Modell angemessen erscheint: Betreuer und Arzt kommen überein, sie einigen sich, und die erzielte Einigung ist verbindlich. Dem Gericht obliegt dann die Prüfung der Glaubwürdigkeit des Vortrags, der Begründung des Bevollmächtigten oder Betreuers bzw. der erzielten Einigung zwischen Arzt und Betreuer oder Bevollmächtigten. Würde sich diese Rechtsprechung durchsetzen, hätte sie Konsequenzen: Der Behandlungsabbruch würde fast immer Thema für Bevollmächtigte oder Betreuer und das Vormundschaftsgericht werden – und davor scheuen viele örtliche Vormundschaftsgerichte, aber auch Ärzte zurück.

Anders das Landgericht München I: Es hält den Betreuer oder den Bevollmächtigten nicht für zuständig. Es handle sich um eine höchstpersönliche Angelegenheit, in der kein Vertretungsrecht besteht, weder vom Betreuer noch von einem Bevollmächtigten. Dies gebiete schon die Menschenwürde. Ärzte und Angehörige hätten in eigener Verantwortung zu entscheiden, und dies sei auch sachgerecht. Eine pragmatische Herangehensweise im dogmatischen Gewand. Das Landgericht München I lässt Fragen offen: Woher nehmen denn die Angehörigen und Ärzte ihre Entscheidungslegitimation? Und wer schützt sie bei Fehlentscheidungen? Für sie bleibt die offene strafrechtliche Beurteilung ihres Tuns als Regulativ. Reicht die Missbrauchsbekämpfung durch das Strafrecht? Konsequent bliebe hier nur die auch hermeneutische Ermittlung des mutmaßlichen Willens. Was aber, wenn der mutmaßliche Wille nicht erkundbar ist?

Liegen weder aktuelle noch mutmaßliche Willensäußerungen vor, so ist die Feststellung des Willens durch Kriterien vorzunehmen, die den allgemeinen Wertvorstellungen entsprechen – so der BGH in einem strafrechtlichen Verfahren. Die objektiven Kriterien dienen lediglich der Ermittlung des hypothetischen Willens – sie müssen also in Beziehung gesetzt werden zu den Wertvorstellungen des Patienten. Und wie kann dies geschehen, und wie geschieht dies?

Es könnte die Empirie bemüht werden, etwa die Wünsche Hochaltriger ganz allgemein. Diese aber sind oft Stereotypen, gepflegt von einer nachwirkenden Moral aus vergangenen Zeiten, ohne Reflexion gegenwärtiger Bedingungen. Wünsche sind kontext- und kulturabhängig. Angst vor Schmerzen motiviert Menschen zur Unterzeichnung einer Patientenverfügung. Was aber, wenn Schmerzen nicht notwendig sind, die Möglichkeit der Schmerzfreiheit nur nicht bekannt ist?

Die hypothetische Entscheidung von Ärzten und Pflegenden wird zur Konstruktion allgemeiner Wertvorstellungen herangezogen. Beide haben ggf. die intensivsten Anschauungen und können für sich wissentlich etwas entscheiden, was andere so mangels entsprechender Erfahrungen nicht entscheiden können. Aber: Wissen Ärzte und Pflegekräfte wirklich in jeder Hinsicht um ihre Patienten, bleiben sie ihnen nicht in ihrer Wirklichkeit ggf. auch fremd?

Die öffentliche Meinung wird bemüht, etwa die Nachfrage nach Patientenverfügungen, die Zustimmung zum Behandlungsabbruch, aber auch zur aktiven Euthanasie. Aufmerksamkeit erhaschende Fernsehsendungen können die öffentliche Meinung mitprägen, ohne dass diese orientiert ist an der Informationsvermittlung, der Einladung zu einer differenzierten Auseinandersetzung. Fernsehberichterstattung ist eher aufmerksamkeitsorientiert und nicht mehr aufklärerisch in Zeiten des Kampfes um Einschaltquoten.

Der kulturelle und literarische Diskurs wird angeführt. Gemeint ist dabei nicht so sehr Thomas Manns „Buddenbrooks", der Roman, in dem die alte Konsulin noch den bitteren protestantischen Leidensweg zu ihrem Tod gehen muss und ihr Hilfe verweigert wird. Man beruft sich heute eher auf Autoren wie Walter Jens und Hans Küng, Pfarrer Albertz und Mutter Teresa. Sie lassen sich heute anführen als Autoritäten der Zeitgeschichte, die den Behandlungsabbruch legitimieren bzw. auch für sich wünschen.

Auch der wissenschaftliche Diskurs wird bemüht: Schöch etwa zitiert: „Bei irreversiblen Bewusstseinsverlusten sei eine Fortsetzung der Behandlung in der Regel eindeutig nicht dem mutmaßlichen Willen entsprechend." Oder Diessenbacher: „Niemand wünscht sich einen langsamen, qualvollen Siechtod und entwürdigende Abhängigkeit von Apparaten", oder: „Angesichts eines irreversiblen empfindungslosen Körpers wird die Seite des Lebensinteresses für den Patienten leer." Zitieren lassen sich auch standesrechtliche Äußerungen, wie etwa die der Deutschen Gesellschaft für Chirurgie. Eine Therapieentscheidung kommt danach in Frage bei einer „interkurrenten Erkrankung", bei „fehlender Kommunikationsfähigkeit (irreversibles, apallisches Syndrom, schwerste Formen von Alzheimer)", bei Patienten in „kontinuierlicher Abhängigkeit von der Substitution vital wichtiger Funktionen" und bei „Patienten mit einer Erkrankung ohne effektive Behandlungschance, besonders im Spätstadium der Erkrankung".

Aus solchem Patchwork von Quellen werden in der juristischen Diskussion bisweilen allgemeine Wertvorstellungen generiert, die zur Ermittlung des hypothetischen Willens dienen. Dies ist verständlich und geschieht häufig auch, um dem Leiden von Menschen Grenzen setzen zu können. Es ist gleichwohl gefährlich.

Zunächst: Der BGH hatte seine allgemeinen Wertvorstellungen in einem strafrechtlichen Verfahren entwickelt, in dem es um Fragen der Rechtswidrigkeit und der Strafbarkeit eines Arztes und Angehörigen ging. Hier wurde also in einem ganz anderen Kontext argumentiert. Es ging um die Entlastung der Betroffenen, der Angeklagten. Werden die allgemeinen Wertvorstellungen in das Zivilrecht, in das Betreuungsrecht, hineingetragen, was das OLG Frankfurt gerade nicht getan hat, so ist dies ein ganz anderer Kontext: Es geht nicht um die nachträgliche Bewertung eines Verhaltens unter dem Gesichtspunkt der Strafbarkeit. Es geht vielmehr im Vorhinein um die Entwicklung von Kriterien für die Entscheidung staatlich supervidierter Bevollmächtigter und Betreuer, die handlungsleitend für die Zukunft werden. Es bestehen also erhebliche rechtsdogmatische Bedenken gegen die Übernahme der allgemeinen Wertvorstellungen in unserem Diskussionszusammenhang. Darüber hinaus gilt, dass der Rückgriff auf die allgemeinen Wertvorstellungen einige Gefahren in sich birgt, die gerade die Autonomie einschränken können: dann nämlich, wenn sich konstruierte allgemeine Wertvorstellungen zu sozialen Normen und Erwartungshaltungen verdichten.

Die Kulturentwicklung, der gesellschaftliche Konsens im Zusammenhang mit der Entscheidung über das Lebensende sollte in eine andere Richtung gehen, nicht in die Konstruktion gefährlicher allgemeiner Wertvorstellungen.

Es bleibt die Frage in jedem Fall offen, und das ist der Gegenstand des Streits in der Judikatur: Wer entscheidet, wenn der mutmaßliche Wille nicht zweifelsfrei ermittelt werden kann? Wer entscheidet über den hypothetischen Willen? Arzt und Angehörige – Betreuer/Bevollmächtigte mit Genehmigung des Gerichtes?

In der Praxis entscheiden häufig Angehörige und Ärzte. Anregungen für die Einrichtung einer Betreuung oder einer Entscheidung der Vormundschaftsgerichte nach § 1846 BGB oder überhaupt eine Einschaltung der Vormundschaftsgerichte erfolgt so gut wie nicht, obwohl inzwischen die Spruchpraxis bekannt und medizinische Fachliteratur breit rezipiert wurde.

Irgendwann werden die obersten Gerichte, der BGH, entscheiden, vielleicht auch das Bundesverfassungsgericht, und wir vermuten, im Sinne des OLG Frankfurt. Für die deutsche Rechtskultur wird die Rechtsprechung auch weiterhin eine wichtige Orientierungsfunktion behalten. Die Gerichte arbeiten gewissermaßen stellvertretend etwas von der Thematik und Auseinandersetzung ab, die dann in die Gesellschaft zurückwirkt. Ob im Rahmen der bestehenden Gesetzeslage aber der Diskussion des Themas angemessene Lösungen zu finden sind, kann noch bezweifelt werden und wird bezweifelt. Es wird auf ausländische Lösungen geblickt, die aber nicht 1 : 1 zu übertragen sind, da sich die Rechtskulturen, im Übrigen auch in der Europäischen Union, ganz erheblich voneinander unterscheiden: immer noch ist die jeweilige Rechtskultur geprägt von nationalstaatlichen Eigenheiten in Zeiten der Globalisierung und der neuen Bedeutung europarechtlicher Regelungen. Sicherlich sollte der Gesetzgeber andere Lösungen und Wege materieller und formeller Legitimation suchen und finden. Vorbilder im Ausland und Vorschläge aus dem Inland liegen vor.

Die Diskussion auf dem Deutschen Juristentag Leipzig 2000

Der Deutsche Juristentag hat sich im Jahre 2000 ausführlich mit den hier diskutierten Fragen befasst und kommt in seinen abschließenden Beschlüssen zu folgenden Aussagen: Er stellt die Selbstbestimmung am Leben dem Recht auf Leben gleich und macht gleichzeitig deutlich, dass die Anerkennung der Selbstbestimmung am Ende des Lebens keinen Anspruch auf direkte und auf Tötung abzielende Eingriffe zur Lebensbeendigung begründet. Die aktive Sterbehilfe bleibt nach Ansicht des Deutschen Juristentages auch dann, wenn der Patient es ausdrücklich wünscht, unzulässig. Entgegen der in der öffentlichen Meinung wachsenden Zahl der Befürworter einer aktiven Sterbehilfe hat sich der Deutsche Juristentag gegen eine solche Aufweichung des Strafrechtes verwahrt. Er weist in seinen Beschlüssen weiterhin darauf hin, dass Voraussetzung für jede Legitimierung einer medizinischen Behandlung die wirksame Einwilligung des Patienten ist. Die Einwilligung des volljährigen Patienten in eine Behandlung oder Weiterbehandlung ist – vorbehaltlich eines konkreten Aufklärungsverzichts – nur wirksam, wenn der Patient durch den Arzt hinreichend über die medizinische Bedeutung und Tragweite der geplanten Maßnahmen und geeignete Alternativen aufgeklärt worden ist. Auch bei einer Entscheidung des Patienten, eine vorgeschlagene Behandlung abzulehnen, ist der Arzt dazu verpflichtet, den Patienten deutlich auf eine mögliche Selbstschädigung aufmerksam zu machen.

Der Deutsche Juristentag wertet die Patientenverfügung auf und würdigt sie als ein wichtiges Instrument der Selbstbestimmung für die Situation der Einwilligungsunfähigkeit. Er spricht sich gleichzeitig dafür aus, dass die Patientenverfügung gesetzlich geregelt werden sollte. Als Wirksamkeitsvoraussetzung für die Errichtung einer Patientenverfügung nimmt der Deutsche Juristentag die Einwilligungsfähigkeit und in formaler Hinsicht die Schriftform an. Angesichts der vielfältigen durch die verbreitete Verwendung von entsprechenden Formularen bestehende Gefahr, dass die Unterzeichner einer Patientenverfügung sich über den Inhalt der Verfügung täuschen, wird dafür plädiert, Inhalt und Umfang der Aufklärung in einer Patientenverfügung zu dokumentieren und dies zu einer Obliegenheit der Beteiligten zu machen. Die Patientenverfügung soll den behandelnden Arzt binden, aber auch den Betreuer und Gesundheitsbevollmächtigten des Betroffenen. Sie kann aber jederzeit widerrufen werden, soweit der Betroffene noch einwilligungsfähig ist. Der Widerruf soll formfrei möglich sein.

Was für die Patientenverfügung gesagt wurde, gilt auch für die Vollmacht in Gesundheitsangelegenheiten, die nach dem Gutachten des Rechtswissenschaftlers Taupitz als anerkannte Form der Vorsorge rechtlicher Art angesehen werden kann. Die Vollmacht in Gesundheitsangelegenheiten ist an die Geschäftsfähigkeit des Vollmachtgebers gebunden und soll in formaler Hinsicht, ebenso wie die Patientenverfügung, der Schriftform bedürfen. Auch der Vollmachtgeber soll vor der Ermächtigung des Gesundheitsbevollmächtigten angemessen über Gehalt und Tragweite der zu erteilenden Vollmacht aufgeklärt werden. Hierfür zuständig sein sollen Ärzte, aber auch andere, vom Gesetzgeber näher zu bestimmende Berater. Inhalt und Umfang der Aufklärung sollen in der Vollmachtsurkunde dokumentiert werden. Auch die Gesundheitsvollmacht bleibt wirksam, bis sie widerrufen wird, und der Widerruf kann jederzeit und formfrei erfolgen. Für den Widerruf ist nicht die Geschäftsfähigkeit, sondern lediglich die Einwilligungsfähigkeit als Voraussetzung vorgesehen. Betreuer und Gesundheitsbevollmächtigte sollen an den mutmaßlichen Willen des Vollmachtgebers gebunden werden, sie haben ihre erkennbaren früheren Vorstellungen und Wünsche zu berücksichtigen. Sollten diese nicht ermittelbar sein, ist eine objektive Interessenabwägung vorzunehmen. Für die nicht einfache und problematische objektive Interessenabwägung sei das Wohl des Vollmachtgebers maßgebend. Dies verlange nach Leidensminderung, im Zweifel aber verlange es Lebenserhaltung und in jedem Fall eine Behandlung nach dem aktuellen Stand der ärztlichen Kunst. Die Frage, wann von dem Prinzip der Lebenserhaltung abgewichen werden dürfe, müsse in einer ethischen Grundsatzdiskussion auf breiter gesellschaftlicher Basis erörtert und beantwortet werden.

Zu dem referierten Streit um die Einschaltung der Justiz als externe Stelle äußert sich der Deutsche Juristentag im

Sinne des OLG Frankfurt: Die Ablehnung der Aufnahme oder Fortsetzung lebenserhaltender Behandlung durch den Betreuer bedürfe der Genehmigung. Für die gerichtliche Genehmigung von Entscheidungen des Betreuers oder Gesundheitsbevollmächtigten über lebenserhaltende oder lebensbeendende Maßnahmen solle das Vormundschaftsgericht zuständig sein. Die Entscheidungskompetenz der Ärzte ohne Einbeziehung Dritter sei beschränkt auf die unaufschiebbaren, ärztlich angeordneten Maßnahmen. Bei einem einwilligungsunfähigen Patienten ohne Patientenverfügung oder Gesundheitsbevollmächtigten und ohne bereits bestellten Betreuer dürfe der Arzt bei irreversiblem Eintritt des Sterbeprozesses ohne Bestellung eines Betreuers entscheiden.

Der Deutsche Juristentag 2000 hat zweifellos die Diskussion um die Patientenautonomie am Lebensende deutlich qualifiziert und in einen breiten Fachdiskurs hineingetragen. Gleichwohl wird ihm der Vorhalt gemacht, er neige zu konservativen Positionen. In diesem Zusammenhang fällt in der Tat auf, dass alternative Legitimationsverfahren und Zuständigkeiten, wie im ausländischen Recht bekannt, noch nicht einmal erwogen werden, sondern die Zuständigkeit bei der Justiz auch auf absehbare Zeit gesehen wird. Angesichts der fehlenden Bereitschaft der Justiz, sich diesen Aufgaben zu stellen, mag man darüber streiten, wie weise die Positionen des Deutschen Juristentages sind.

V
Empfehlungen zur sinnvollen Vorsorge

Aus den vorstehenden Kapiteln mag deutlich geworden sein, dass in diesem Buch keine einfachen Ratschläge und Empfehlungen gegeben werden, die auf die Unterzeichnung einer möglichst noch vorgefertigten Patientenverfügung, ergänzt durch eine Vorsorgevollmacht und Betreuungsverfügung, hinauslaufen. Vielmehr wurden direkt und indirekt existierende Vordrucke kritisiert und vor der schnellen Unterschrift gewarnt. Daraus soll aber nicht gefolgert werden, dass in diesem Buch vor Patientenverfügungen und Vorsorgevollmachten generell gewarnt wird. Insbesondere Vorsorgevollmachten erscheinen heute und vor allem für die Zukunft bedeutsame Möglichkeiten individueller Vorsorge in Gesundheitsfragen. In diesem Kapitel sollen nun Empfehlungen und Ratschläge formuliert werden, wie man sich persönlich, aber auch in Familien, in Gesprächsgruppen, auf der Ebene des Gemeinwesens mit Vorsorgefragen nutzbringend und konstruktiv auseinander setzen kann und wie die Wege individueller Vorsorge aussehen und beschritten werden können.

Auseinandersetzung mit Tod und Sterben

Am Anfang eines Weges zur schriftlichen Vorsorge stehen die individuelle Reflexion und das Gespräch. Die schriftliche Vorsorge selbst sollte dann in mehreren Schritten angegangen werden.

1. Die individuelle Auseinandersetzung

Der Tod eines nahen Menschen, eine Zeitungsnachricht, ein Fernsehbericht oder ein Gespräch im Freundeskreis oder auch eine Diagnose: „Ich habe Krebs" können der Auslöser sein, sich mit Fragen schwerer Krankheit, den Themen „Tod" und „Sterben" auseinander zu setzen.

Folgende Fragen können dabei hilfreich sein:

Gibt es Bilder, Geschichten, Erlebnisse, die für ein Sterben und einen Tod stehen, die ich annehmen kann? Und was sind die Bilder, Geschichten und Erfahrungen, die für ein Sterben und einen Tod stehen, vor dem mir graut? Gelingt es mir, für mich persönlich zu formulieren, worauf es mir mit Blick auf meinen eigenen Tod und mein Sterben besonders ankommt?

Ein Weg der individuellen Annäherung an das Thema „Tod und Sterben" kann etwa sein, sich auf Zeit in einem Tagebuch oder in einem persönlichen Journal dem Thema schreibend zu nähern, alle Einfälle, Gedanken, aus Gesprächen und Gelesenem Aufgenommenes wiederzugeben und auf diese Weise einem inneren Dialog und einer inneren Auseinandersetzung einen Ort und zugleich Ausdruck zu geben. Auf diese Weise kann es gelingen, seine eigene Sprache und Ausdrucksfähigkeit für Fragen zu finden, die mit Tod und Sterben zusammenhängen. Dies ist für Gespräche mit anderen, aber auch für die Auseinandersetzung mit Formulierungen um Patientenverfügungen und Vorsorgevollmachten hilfreich. Man sollte sich Zeit nehmen; so viel Zeit, dass man das Gefühl hat, zumindest vorläufig ein Verhältnis zum eigenen Sterben und Tod gefunden zu haben, sei es auch nur unter einzelnen Aspekten.

Auch um sich mit dem Thema „unheilbare Krankheit", Demenz oder sonst individuell befürchteten, für nicht unwahrscheinlich gehaltenen Lebenszuständen in der eigenen Zukunft zu befassen, lohnt sich das Schreiben eines (befristeten) Journals. Ausgangspunkt können auch hier folgende Fragen sein:

- Was für Bilder verbinde ich mit „Demenz"? Was würde die Erkrankung naher Angehöriger oder meiner selbst bedeuten?
- Die Vorstellung, im Koma zu liegen, nicht bei Bewusstsein zu sein: Was hieße dies für mich? Was weiß ich über das Erleben von Patienten im Wachkoma?

2. Das Gespräch suchen

Phasen der Krankheit und des Sterbens sind Phasen, in denen man in besonderer Weise auf andere angewiesen ist, auf ihre tatsächliche oder empfundene Nähe. Die Zugehörigkeit, das Erleben von Verbundenheit gewinnt hier für viele Menschen noch einmal eine besondere essenzielle Bedeutung. Nähe und Verbundenheit können aber in besonderer Weise dann erlebt werden, wenn man sich gegenseitig auch in den letzten Dingen versteht. Hierfür ist es wichtig, das Thema „Tod und Sterben" auch mit Angehörigen, mit Freunden, mit seinem Arzt zu besprechen, damit das gegenseitige Verstehen, das Wissen um die Wünsche und Ängste entstehen können. Es ist nicht ohne weiteres üblich und sicher auch nicht einfach, das Thema „schwere Krankheit, Sterben und Tod" ins Gespräch zu bringen. Man trifft sich nicht unbedingt zu diesem Thema, es gehört nicht zu den Stimmungsthemen. Gleichwohl sollte man die Gelegenheit schaffen und nutzen, über die Themen „schwere Krankheit", „Sterben" und „Tod" ins Gespräch zu kommen. Äußere Anlässe können ein Todesfall oder eine Todesnachricht sein oder die Auseinandersetzung mit einer Patientenverfügung und Vorsorgevollmacht. Vortragsveranstaltungen und Gesprächskreise auf kommunaler Ebene, in Kirchengemeinden oder in Hospizgruppen bieten Anlässe und Rahmen für eine nicht nur individuelle, gewinnbringende Auseinandersetzung mit dem Thema. Oft gibt die Diagnose einer schweren Erkrankung den Anlass. Nichts vereint uns Menschen so sehr wie die Tatsache, dass wir alle sterben müssen, ein Thema, das uns in so existenzieller Weise berührt, dass der Soziologe Norbert Elias von der „Solidarität der Sterbenden" sprechen konnte. Folgende Beispiele zeigen, wie eine solche Bewusstseinsbildung vonstatten gehen kann:

In Esslingen hat eine Initiative von Bürgern/-innen, Ärzten/-innen, Sozialarbeitern/-innen und Juristen/-innen sowie Pfarrern/-innen sich das Thema „Vorsorgen – selbst bestimmen – im Leben und Sterben" zu eigen gemacht, sich interdisziplinär auf ein gemeinsames Verständnis geeinigt, ein Beratungshandbuch formuliert und ehrenamtliche Berater geschult, die nun individuell und in Gesprächsgruppen Bürgern in der Auseinandersetzung mit dem Thema „Sterben und Tod" und den Vorsorgemöglichkeiten zur Seite stehen. Die Beteiligten berichten, dass sie individuell viel profitiert haben und Bürger, aber auch ehrenamtliche Helfer die Beratungen als wichtige und hilfreiche Angebote erleben, die sehr produktiv individuelle Vorsorge möglich gemacht, aber auch im Gemeinwesen dazu beigetragen haben, dass Bürger den Ärzten, aber auch den Krankenhäusern wieder mehr Vertrauen schenken können.

Ein anderes Beispiel sind die Hospize: In deutschen Hospizen spielen (anders als in den USA) Patientenverfügungen keine nennenswerte Rolle. Hier vertrauten die Mitarbeiterinnen und Mitarbeiter eher auf die intensive Nähe zum sterbenden Menschen und seinen Angehörigen. Sie setzen auf individuelle Weg des Verstehens. Indem von den ersten Kontakten an das Augenmerk auf den Wünschen der Betroffenen liegt, stellt sich die Frage nach schriftlichen Vereinbarungen nicht wirklich. Die Achtsamkeit auch auf kleinste Zeichen des schwerkranken Menschen und die Erfahrung im Umgang mit ihnen geben beiden Seiten ein hohes Maß an Sicherheit und stärken das Vertrauen auf Verständigungsmöglichkeiten bis in die letzten Lebensminuten hinein.

Manche Hospize vertreiben zwar vorformulierte Patientenverfügungen, nutzen sie aber vor allem, um auf diese

Weise das Gespräch über Sterben, Tod und Trauer bei Gesunden in Gang zu setzen. Zum Teil enthalten Begleitschreiben zu den Verfügungsformularen auch nachdrückliche Hinweise darauf, dass sie eher als Formulierungsanregung denn als -vorschrift verstanden werden sollen.

Der Weg zur schriftlichen Vorsorge

Vorsorgen für ein selbstbestimmtes und von Vertrauen getragenes Leben und Sterben gewinnt in unserer Zeit, in der traditionelle Institutionen und Autoritäten nicht mehr die selbstverständliche Kompetenz besitzen und ihr Handeln auch rechtlich legitimieren müssen, an Bedeutung. Weder die Angehörigen noch die Ärzte sind, wie ausgeführt, befugt, für einen schwerkranken Patienten allein zu entscheiden. Sie tun es faktisch, unsere Rechtsordnung hält für sie aber keine Berechtigung parat. Man kann durch Vollmachten und Verfügungen selbst mit Sorge dafür tragen, dass Ärzte und Angehörige auch berechtigt entscheiden können, man kann selber mit vorsorgen, dass es nicht unnötigerweise zu der Bestellung eines gesetzlichen Betreuers mit der dann notwendigen Einschaltung der Gerichte kommt. Der Weg dahin sollte aber nicht übers Internet oder das Studium inzwischen unzähliger Mustertexte für Vorsorgevollmachten geschehen.

Wir empfehlen vielmehr ein fünfstufiges Vorgehen. Es hat sich auch in der Praxis bewährt, auch wenn es zunächst als recht aufwändig erscheint. Aber nochmals: In diesem Buch wird die Haltung vertreten, dass die Auseinandersetzung mit Vorsorgemöglichkeiten für ein selbstbestimmtes und von Vertrauen getragenes Leben und Sterben keine schnell zu erledigende Pflichtaufgabe, sondern eine sinnvolle, aber auch sorgfältig zu verfolgende Obliegenheit ist.

Erster Schritt: Selbst formulieren

Als ersten Schritt empfehlen wir, auf der Grundlage eines Tagebuchs zum Thema „Krankheit, Sterben und Tod" im freien Text selbst zu formulieren, was man bei schwerer Krankheit und beim Sterben beachtet wissen möchte, auf welche Wünsche besonders Rücksicht genommen werden soll, wen man in besonderer Weise ins Vertrauen ziehen möchte, wer für einen ggf. entscheiden soll, wem man dies zumuten mag und woran er oder sie sich – sowohl inhaltlich als auch von der Vorgehensweise her – orientieren soll. Schreiben Sie dies in Ihrer Sprache, ohne auf irgendwelche Vordrucke und Vorformulierungen zu achten und sich an ihnen zu orientieren. Wenn Sie so vorgehen, so schreiben Sie nur das, was Ihnen selbst wichtig ist und Ihnen möglich ist zu schreiben. Sie werden nicht verführt, einem Text zu folgen, dessen Reichweite Sie vielleicht nicht erkennen oder für sich auch nur schwer akzeptieren können.

Zweiter Schritt: Das Gespräch mit dem behandelnden Arzt

In einem zweiten Schritt sollten Sie Ihren Hausarzt konsultieren und mit ihm Ihre Vorstellungen, Wünsche und Fragen erörtern. Er wird Sie möglicherweise auf gerade Ihnen bevorstehende Erkrankungsformen hinweisen können, und Sie werden mit ihm nicht abstrakt, sondern konkret auf Ihre Person einige Sie besonders beschäftigende Fragen erörtern können. Der Arzt lernt auf diese Weise Ihre Befürchtungen und Ihre Wünsche kennen und bekommt Einblick in Ihre Auseinandersetzung. Genau das wird ihm später auch ermöglichen, Sie besser zu verstehen und in Ihrem Sinne Behandlungsentscheidungen vorzuschlagen bzw. auf sie hinzuwirken. Es ist nicht gut, dem behandelnden Arzt lediglich eine Patientenverfügung oder eine Vorsorgevollmacht fertig formuliert in die Hand zu drücken. Die Wahrscheinlichkeit, dass er sich an ihrem Inhalt orientiert, wenn es um entsprechende Entscheidungen geht, ist dann eher gering.

Dritter Schritt: Das Gespräch mit Personen des Vertrauens, nahen Angehörigen und Freunden

Ein dritter Schritt bezieht die nahen Angehörigen und Freunde ein, die Sie informieren möchten, die später einmal für Sie eintreten und ggf. auch für Sie entscheiden können sollen. Diese Menschen müssen wissen, was Ihnen wichtig ist, worin Ihre Wünsche bestehen, was Sie unter keinen Umständen erleben und erdulden wollen, und wie man Ihnen und Ihren Vorstellungen nahe kommen kann. Nicht die gelegentliche Äußerung angesichts einer Fernsehsendung über Alzheimer-Erkrankungen: „So möchte ich nicht enden" soll die Basis darstellen, auf der nahe Angehörige und Freunde entscheiden oder ihre Einschätzung abgeben sollen, wenn es darauf ankommt (so geschehen in einem strafrechtlichen Verfahren, das schließlich zur berühmten Sterbehilfeentscheidung des BGH 1994 führte). Die Ihnen nahen Menschen sollten in der „Sache" in Ihre Gedanken eingeweiht sein und sich auch hierüber mit Ihnen auseinander setzen können. Zum anderen sollten sie auch darauf vorbereitet sein, dass sie eine besondere Verantwortung und ggf. Rolle trifft, wenn es um Ihre Begleitung in schwerer Krankheit, Pflegebedürftigkeit und im Sterbeprozess geht. Sie sollten darauf vorbereitet sein und auch ihre Bereitschaft dazu bekundet haben.

Vierter Schritt: Juristische Beratung

Trotz aller Vordrucke und Mustertexte gilt es zu prüfen, ob Sie sich juristischen Rat holen sollen. Sie können Ihre eigenen, selbst formulierten Vorstellungen durchaus schon einmal mit Mustertexten, die über Betreuungsvereine und

Betreuungsbehörden, Hospizgruppen und Justizministerien verbreitet und ausgehändigt werden, vergleichen und Ihre Vorstellungen in übliche Formulierungen kleiden. Sie sollten aber gerade bei einer individuell verfassten Patientenverfügung und Vorsorgevollmacht nicht darauf verzichten, Ihre eigenen Verfügungen und Vollmachten in eine rechtsverbindliche Form zu bringen. Hier helfen Ihnen Anwälte und ggf. Notare, aber nur dann, wenn sie sich auf diesem Gebiet besonders gut auskennen, über entsprechende Erfahrungen verfügen und sich spezialisiert haben. Das ist mitnichten bei allen Anwälten und Notaren der Fall. Der kompetente Anwalt wird Sie bei der richtigen Formulierung beraten, er wird prüfen, ob die von Ihnen formulierten Vorschläge auch juristisch verbindlich gemacht werden können und miteinander kombinierbar sind. Er kann Sie auch über juristische Zweifelsfragen, etwa im Zusammenhang mit dem Behandlungsabbruch, informieren. Der Besuch und die Beratung beim Anwalt kosten etwas, aber der Einsatz lohnt. Selbstverständlich können Sie auch autodidaktisch mit Hilfe anderer Ihre eigenen Vorsorgeverfügungen und -vollmachten verfassen. Im hohen Alter sollten Sie dann aber dafür Sorge tragen, dass Sie Ihre Verfügungen und Vollmachten notariell beurkunden lassen. Mit der notariellen Beurkundung ist die Prüfung verbunden, dass Sie zum Zeitpunkt der Unterzeichnung geschäftsfähig waren bzw. die erforderliche Einsichtsfähigkeit hatten, so dass die Verfügungen und Vollmachten auch ihre Rechtsverbindlichkeit erlangen.

Fünfter Schritt: Hinterlegung und Aushändigung

Die Vorsorgeverfügungen und -vollmachten sollten Sie nicht für sich behalten, sondern sowohl dem Bevollmächtigten als auch Ihrem behandelnden Arzt, ggf. Angehörigen und – für den Fall, dass Sie auch eine Betreuungsverfügung verfasst haben – dem örtlichen Amtsgericht (soweit landesrechtlich vorgesehen) übergeben. Sollten Sie einmal in ein Heim ziehen, etwa in ein Pflegeheim, so empfiehlt sich auch, die entsprechenden Verfügungen und Vollmachten der Verwaltung des Heims auszuhändigen, damit diese entsprechend informiert deren Beachtung mit veranlassen kann. Sinnvoll ist es, dass Sie selbst einen kleinen Ausweis mit sich führen, aus dem hervorgeht, dass Sie eine Patientenverfügung, eine Vorsorgevollmacht, eine Betreuungsverfügung und ggf. eine Verfügung in Fragen der Organtransplantation verfasst haben und wo und bei wem diese hinterlegt sind (siehe hierzu die Hinweiskarte am Schluss des Buches). Unverantwortlich sind Vorsorgevollmachten und -verfügungen im Ausweisformat, wie sie etwa über manche Apotheken vertrieben werden. In ihnen fehlt es an der notwendigen individuellen Formulierung und Differenziertheit, die allein zu einer rechtlich tragfähigen Verfügung und Vollmacht führt.

Möglichkeiten des Widerrufs

Jede Betreuungsverfügung und jede Vollmacht können Sie jederzeit und ohne irgendwelche Begründung widerrufen oder auch ändern. Die bisherige Verfügung verliert dann an Wirksamkeit, die neuere tritt an ihre Stelle. Sie müssen nur dafür Sorge tragen, dass dies auch den Beteiligten bekannt wird. Von daher empfiehlt es sich, selber zu notieren, wem Sie eine Verfügung und Vollmacht ausgehändigt haben, wo sie hinterlegt sind, damit Sie die Beteiligten über den Widerruf informieren und um die Rückgabe der entsprechenden Unterlagen bitten können. Sollten Sie eine bisherige Verfügung und Vollmacht durch eine neuere ersetzen wollen, so empfiehlt es sich, auf der neuen Verfügung und Vollmacht zu notieren, dass die bisherigen, möglichst mit Datumsangabe, ihre Wirksamkeit verlieren sollen.

Die Verfügungen und Vollmachten bedürfen nicht, wie häufig behauptet, der jährlichen Unterzeichnung, möglichst noch mit „Zeugen", um ihre Wirksamkeit zu behalten. Es reicht, wenn Sie den entsprechenden Ausweis bei sich tragen und damit zum Ausdruck bringen, dass die Verfügungen weiterhin gelten sollen.

Mindestens so wichtig: Die soziale Vorsorge

Rechtliche Vorsorge ersetzt keine soziale Vorsorge. Mit der Unterzeichnung einer Patientenverfügung oder einer Vorsorgevollmacht haben Sie viel an Auseinandersetzung geleistet, sind sich über manches im Zusammenhang mit Ihren Vorstellungen über Tod und Sterben bewusster geworden. In ihrer Wirkung bleibt sie aber immer begrenzt. Recht kann keine Beziehung, keine soziale Nähe und keine Solidarität ersetzen. In Phasen der Abhängigkeit, in schwerer Krankheit und im Sterben ist man auf soziale Unterstützung angewiesen, auf Menschen, die für einen eintreten, die ggf. eine Vorsorgeverfügung zur Geltung bringen oder sonst ihren Beitrag dazu leisten, dass ich verstanden werde, dass ich mich verstanden fühle oder man mich zu verstehen sucht. Wer weiß, was ich empfinde, wenn es ums Sterben geht? Wer weiß, wie mir zumute ist, wenn ich in den Zustand der „Weltferne" trete, wenn ich mich in die Wirklichkeit eines Demenzkranken zurückgezogen habe? Soll dann in jedem Fall gelten, was ich „in gesunden Tagen" verfügt habe, wie es manche Ethiker verlangen, oder soll es auch dann noch Korrekturmöglichkeiten geben, veranlasst und vertreten von Menschen, die mich besonders verstehen und denen ich in besonderer Weise am Herzen liege? Damit soll keine Relativierung des Selbstbestimmungsgrundsatzes erfolgen. Dieser soll vielmehr auch dann seine Geltung beanspruchen können, wenn es um andere Seinszustände geht, für die wir in unserer rationalen Lebensplanung weder Platz noch Verständnis haben (können). Selbstverständlich soll der Wille beachtet werden. Und selbstverständlich soll ein starker rationaler und willensbeherrschter Mensch nicht am Leben gehalten werden, wenn er dies nicht wünscht, obwohl ihm mit ärztlicher Hilfe ein längeres Leben ermöglicht würde, das andere durchaus als lebenswert empfinden, er aber nicht. Es muss aber auch gelten, dass individuelle Vorsorge rechtlicher Art nicht qualitativ andere Erfahrungen ausschließt und behindert. Dies setzt Vertrauen voraus, und Vertrauen findet in Beziehungen statt, die der Pflege bedürfen. Individuelle Vorsorge für Krankheit, Sterben und Tod verlangt zentral die Pflege von sozialen Netzwerken, von Freundschaften und guten verwandtschaftlichen Beziehungen, damit Menschen da sind, die mich verstehen und für mich eintreten. Nur dadurch wird es wahrscheinlicher, dass meine Verfügungen auch in den Routinen medizinischer Behandlung und Versorgung Beachtung finden und nicht übersehen oder ignoriert werden. Nur dadurch wird es wahrscheinlicher, dass meine Würde im Zentrum der Bemühungen und Entscheidungen für mich bleibt.

Mit einer einmal formulierten, unterschriebenen und fortgeltenden Verfügung und Vollmacht ist das Thema „Begleitung und Entscheidungen in Krankheit und Sterben" nicht vom Tisch. Als mein stiller, ständiger Begleiter bleibt das Thema virulent. Man sollte auch sehen, dass man bei aller Zugewandtheit zum Leben im Kontakt mit den Lebensgrenzen und den dort auftretenden Themen bleibt. Nur wenn man mit sich und anderen im Gespräch darüber bleibt, bleiben die Entscheidungen, die einmal zu treffen sein könnten, nah am Menschen, seiner Befindlichkeit und seinen sozialen Kontakten.

Schließlich gilt es gerade angesichts der Grenzen des Lebens, jede lebensfeindliche Zynik und Menschenunfreundlichkeit zu vermeiden bzw. gegen sie einzutreten. Das Sterben gehört zum Leben, ist Teil des Lebens und sollte nicht durch äußere Umstände provoziert und herbeigesehnt werden, auf die die Gesellschaft eigentlich Einfluss hat. Wer aus Angst vor Schmerzen vorschnell Patientenverfügungen unterzeichnet, in denen er einem Behandlungsabbruch frühzeitig zustimmt oder gar um den Tod bittet, leistet keinen mitverantwortlichen Beitrag dafür, dass auch in Deutschland und anderswo eine ausreichende Schmerztherapie selbstverständlicher wird.

Eine Verfügung oder Vollmacht wirksam formulieren

Wir haben bereits im vorausgegangenen Kapitel die Empfehlung ausgesprochen: Zunächst einmal ist es sinnvoll, in der eigenen Sprache eine Patientenverfügung und eine Vorsorgevollmacht zu verfassen. Eine im Rechtsverkehr gültige Verfügung oder/und Vollmacht muss jedoch bestimmten Kriterien genügen. Sie bedarf auch bestimmter Inhalte und Aussagen, um die Verbindlichkeit zu erlangen, die gewünscht wird. So werden nachfolgend Textbausteine angeboten, die genutzt werden können, um die eigenen Formulierungen in eine solche Form zu bringen, die auch juristische Verbindlichkeit für sich beanspruchen kann.

Es gibt inzwischen eine unübersehbare Flut von Vordrucken, Formularen und „Textmodulen". Für die Interessierten ist es nicht leicht, die jeweilige rechtliche Tragweite der Formulierungsvorschläge nachzuvollziehen und den richtigen Text für sich zu finden. Für den Fall, dass Sie eine Patientenverfügung, eine Vorsorgevollmacht oder auch eine Betreuungsverfügung aufsetzen wollen, bieten wir im folgenden Kapitel Textbausteine an, die zu einer individuellen Verfügung und Vollmacht zusammengesetzt werden können.

Nochmals: Was ist eine Patientenverfügung?

Eine Patientenverfügung ist eine vorsorgliche schriftliche Erklärung, durch die ein einwilligungsfähiger Mensch zum Ausdruck bringt, dass er in bestimmten Krankheitssituationen keine Behandlung mehr wünscht, wenn diese letztlich nur dazu dient, sein ohnehin bald zu Ende gehendes Leben künstlich zu verlängern. In einer Patientenverfügung können aber auch andere Wünsche im Zusammenhang mit der ärztlichen Behandlung oder pflegerischen Begleitung niedergelegt werden.

Wann kommt eine Patientenverfügung zum Tragen?

Eine Patientenverfügung wird dann berücksichtigt, wenn die nachfolgend genannten Voraussetzungen erfüllt sind:

- Der Patient ist nicht (mehr) einwilligungsfähig.
- Es liegt eine lebensbedrohende Erkrankung vor, die in absehbarer Zeit zum Tode führen wird.
- Es stellt sich für alle Beteiligten die Frage, ob auf eine mögliche Behandlung verzichtet oder eine begonnene Behandlung beendet werden soll.

Um den Ärzten, dem Bevollmächtigten, den Angehörigen oder dem Betreuer möglichst viel Klarheit zu verschaffen, welche Wünsche und Werte Sie respektiert wissen wollen, kann eine schriftliche Patientenverfügung aufgesetzt werden, die wichtige Hinweise für den mutmaßlichen Willen des Patienten liefert, den der Arzt und alle anderen Beteiligten zu beachten haben.

Was sollte in einer Patientenverfügung stehen?

a) Persönliche Daten

Name:
Geboren am:
Anschrift:

Eine Patientenverfügung sollte zu Beginn eine Formulierung enthalten, die klarstellt, wann und unter welchen Voraussetzungen die Patientenverfügung zum Tragen kommen soll. Etwa:

Für den Fall, dass ich nicht mehr in der Lage bin, meine Angelegenheiten selbst zu regeln, verfüge ich . . .

Oder:

Für den Fall, dass ich durch Krankheit, Unfall oder Behinderung unwiederbringlich oder vorübergehend zur Bildung und Äußerung meines Willens nicht mehr in der Lage bin, erkläre ich hiermit, dass ich folgende medizinische Versorgung wünsche bzw. nicht wünsche . . .

Nach den Formulierungen, die das Wirksamwerden der Patientenverfügung bestimmen, können allgemeine Wertvorstellungen niedergelegt werden, die den Ärzten, Angehörigen und anderen Beteiligten helfen, sich ein Bild von den Überzeugungen und Werthaltungen des Patienten zu machen. Etwa:

Ich möchte in Würde und Frieden sterben können, nach Möglichkeit in Nähe und Kontakt mit meinen Angehörigen und nahe stehenden Menschen. Es wäre mein Wunsch, in meiner vertrauten Umgebung sterben zu können. Ich bitte um seelsorgerliche Begleitung.

In einer Patientenverfügung können, müssen aber nicht, spezielle Wünsche festgehalten werden, die sich auf die ärztliche Behandlung und die Art und Weise der Behandlung beziehen. Es wird davon abgeraten, alle Eventualitäten zu bedenken oder eine lange Liste mit vorstellbaren Krankheiten und Entscheidungssituationen zu erstellen und entsprechende Wünsche niederzulegen. Man kann nicht alle Eventualitäten bedenken, sollte dies auch nicht bis ins Letzte und in perfektionistischer Weise tun. Die wichtigen Inhalte der Gespräche mit Ärzten und Angehörigen und die dort zum Ausdruck gebrachten Haltungen und Wünsche sollten aber in einer Patientenverfügung niedergelegt werden. Etwa:

Ich möchte, dass mein Hausarzt (Vor- und Zuname) *hinzugezogen wird, wenn Entscheidungen über meine weitere medizinische Behandlung getroffen werden müssen.*

Ich möchte, dass mich die behandelnden Ärzte genau und vollständig über meinen gesundheitlichen Zustand aufklären, solange ich in der Lage bin, etwas zu verstehen. Ich möchte, dass bei der Aufklärung nach Möglichkeit mein Bevollmächtigter zugegen ist.
Sollte ich mich selber nicht mehr äußern können, verpflichte ich die behandelnden Ärzte, meinen Bevollmächtigten (meinen Lebenspartner, meine Kinder, mein . . .) genau über meine Krankheit zu informieren und mit ihnen die Möglichkeiten der Behandlung zu beraten.

In der Patientenverfügung kann auch niedergelegt werden, auf welche Risiken Sie sich bei einer ärztlichen Heilbehandlung einlassen möchten. Etwa:

Solange die Aussichten auf eine Besserung meines Zustandes noch hinreichend wahrscheinlich sind, stimme ich einem operativen Eingriff oder einer Medikamenten-

gabe, die mit Risiken verbunden sind und u. U. den Tod zur Folge haben können, zu.

Auch die Art und Weise der Heilbehandlung und ihre Präferenzen für eine bestimme Ausrichtung der Medizin können Sie in einem Patiententestament niederlegen. Etwa:

Falls die Schulmedizin an ihre Grenzen stößt, möchte ich eine Ergänzung meiner Behandlung durch alternative Heilmethoden, wie z. B. Mistelinjektionen oder Akupunktur.

Auch zur Frage der Organspende können Sie sich in einem Patiententestament äußern. Etwa:

Ich möchte auf keinen Fall eine Organspende erhalten, da das Einpflanzen von fremdem Gewebe mit meiner religiösen Grundhaltung nicht vereinbar ist.

Oder:

Ich stimme dem Erhalt eines fremden Organs zu, wenn damit gute Chancen bestehen, meinen Zustand entscheidend zu verbessern oder eine aufwändige Behandlung wie z. B. Dialyse verhindert oder beendet werden kann.

Kern einer Patientenverfügung sind die Aussagen zu lebensverlängernden und -gefährdenden Maßnahmen. Mit der Grundausrichtung dieses Buches nicht vereinbar sind Willensbekundungen, die letztlich auf eine aktive Herbeiführung des Todes hinauslaufen, und Willensäußerungen, die sich als Reaktion auf eine als lebensunwertes Leben betrachtete Situation und Krankheitsform beziehen, etwa auf eine schwere senile Demenz vom Typ Alzheimer.

Bei richtiger medizinischer Behandlung und pflegerischer

Begleitung muss das Sterben kein „Martyrium" und das Leben eines Sterbenden keine „Folter" darstellen, wie es zum Teil in den Formulierungen von manchen Patiententestamenten heißt.

Gleichwohl wird akzeptiert, dass Menschen sich vor einer medizinischen Behandlung schützen wollen, die nur noch ihr Leben verlängert, ggf. auch mit hohen Kosten, oder die mit Vorstellungen von Leiden verbunden ist. So können und sollten für die Frage lebensverlängernder Maßnahmen in einer Patientenverfügung Formulierungen aufgenommen werden. Etwa:

An mir sollen keine lebensverlängernden Maßnahmen vorgenommen werden, wenn medizinisch festgestellt ist, dass ich mich in einem unumkehrbaren Sterbeprozess befinde, bei dem jede lebenserhaltende Maßnahme das Sterben oder Leiden ohne Aussicht auf erfolgreiche Behandlung verlängern würde.

Oder:

Wenn mein Gehirn nicht mehr in der Lage ist, meinen Körper am Leben zu erhalten (Hirntod), bitte ich um Beendigung aller lebenserhaltenden Maßnahmen, wie z. B. der künstlichen Beatmung.

In eine Patientenverfügung können ebenfalls Wünsche aufgenommen werden, die sich auf die Vorstellung vom Sterben und die Begleitung beim Sterben richten.

Von besonderer Bedeutung ist hier die Schmerzbehandlung, die an sich ohnedies zur ärztlichen Standespflicht zählt, auf die aber noch einmal in besonderer Weise hingewiesen werden kann: Dies entspricht der verbreiteten Angst der Menschen vor einem Sterben unter Schmerzen, etwa:

Die ärztliche Behandlung sowie die pflegerische Begleitung sollen auf die Linderung von Schmerzen und Angst gerichtet sein. Ich bitte ausdrücklich um eine ausreichende Schmerzbehandlung, um friedvoll sterben zu können.

Aber auch andere Vorstellungen vom Sterben und der Begleitung beim Sterben können in der Patientenverfügung niedergelegt werden. Etwa:

Soweit dies möglich ist, möchte ich mich persönlich von meinen Angehörigen und Freunden verabschieden. Deshalb bitte ich um Benachrichtigung von . . ., wenn absehbar ist, dass es mit meinem Leben unmittelbar zu Ende geht.

Ich bin ein religiöser Mensch und möchte, dass ein Geistlicher der Religionsgemeinschaft . . . mein Sterben begleitet.

Ebenfalls Gegenstand einer Patientenverfügung können Verfügungen zur Obduktion sein. Etwa:

Ich bin mit einer Obduktion einverstanden, wenn dadurch die Ursache meines Todes geklärt werden kann.

Wichtig ist vor dem Hintergrund des Transplantationsgesetzes, dass man sich, ob nun in einer Patientenverfügung oder durch einen Organspenderausweis (z. B. in Apotheken erhältlich), zur Frage der Organspende äußert. Etwa:

Nach meinem Tod möchte ich folgende Organe für eine Transplantation zur Verfügung stellen: . . .

Es ist immer wieder umstritten, wie verbindlich Patientenverfügungen sein können. Die Richtlinien der Bundesärztekammer zur Sterbebegleitung verpflichten die Ärzte auf die Beachtung von Patientenverfügungen. Manche Berufsordnungen der Ärzte sehen dies als Standespflicht vor. In einer Patientenverfügung sollte die Verbindlichkeit der Verfügung noch einmal betont werden. Etwa:

Ich unterschreibe diese Verfügung nach sorgfältiger Überlegung und als Ausdruck meines Selbstbestimmungsrechtes. Ich wünsche nicht, dass mir in der akuten Situation eine Änderung meines hiermit bekundeten Willens unterstellt wird. Sollte ich meine Meinung ändern, werde ich dafür sorgen, dass mein geänderter Wille zum Ausdruck kommt. Gleichwohl sollen die Ärzte und mein Bevollmächtigter Acht darauf geben, ob ich durch mein Verhalten zum Ausdruck bringe, entgegen meiner Verfügung eine weitere Behandlung zu wünschen.

Oder:

Diese Erklärung gebe ich nicht nur im Vollbesitz meiner geistigen Kräfte und bei voller Entscheidungsfähigkeit ab, sondern nach sorgfältiger Information und in voller Kenntnis von Inhalt und Tragweite meines hier geäußerten Willens. Meine Erklärungen stellen keinen allgemeinen Verzicht auf die mir zustehenden ärztlichen Behandlungen dar.

In hohem Maße sinnvoll ist es, auf der Patientenverfügung durch einen unabhängigen Dritten, nach Möglichkeit einen Fachmann / eine Fachfrau, bestätigen zu lassen, dass man über die Reichweite der niedergelegten Verfügung aufgeklärt wurde. Dies kann in ärztlicher Hinsicht ein Arzt tun, in juristischer Hinsicht ein Rechtsanwalt.

Ich bestätige, dass Herr/Frau . . . über die Tragweite der niedergelegten Verfügung aufgeklärt und im Bilde ist.

Unterschrift des Rechtsanwaltes oder Arztes mit Name und Anschrift

Eine solche Klausel, die auch vom Deutschen Juristentag empfohlen wurde, erhöht die Verbindlichkeit einer Patientenverfügung: Allen Beteiligten wird deutlich gemacht, dass hier nicht lediglich ein Vordruck unterschrieben wurde, dass auch nicht unterstellt werden darf, dass die „Hand geführt wurde". Die Ernsthaftigkeit und die Verbindlichkeit der Verfügung werden auf diese Weise dokumentiert.

Die Patientenverfügung muss unterschrieben werden und mit einem Datum versehen sein. Sie muss nicht in Form eines Testamentes, d. h. handschriftlich, verfasst werden; sie sollte sogar maschinengeschrieben sein, damit ihr Inhalt zweifelsfrei und einfach zu erkennen ist.

Vielfach liest man die Empfehlung, eine Patientenverfügung regelmäßig zu aktualisieren, d.h. sie in einem Ein- oder Zwei-Jahres-Rhythmus erneut zu unterschreiben. Dies wird hier nicht unbedingt empfohlen. Es wird vielmehr nahegelegt, eine Ausweiskarte bei sich zu tragen, aus der sich ergibt, dass ggf. eine Patientenverfügung, eine Vorsorgevollmacht, eine Verfügung zur Organtransplantation oder eine Betreuungsverfügung verfasst wurde. *Dadurch, dass man einen entsprechenden Ausweis bei sich trägt, dokumentiert man in aller Regel, dass man an einer Verfügung festhalten will.*

Eine Patientenverfügung sollte nach Möglichkeit dem behandelnden Arzt, dem Bevollmächtigten, ggf. dem Heim und bei Eintritt in ein Krankenhaus den Ärzten zur Krankenakte gegeben werden. Es ist von daher sinnvoll, mehrere Abschriften der Verfügung zu fertigen und persönlich zu unterschreiben. Es sollte dann aber notiert werden, wer eine solche Verfügung erhalten hat, damit im Falle des Widerrufes alle auch benachrichtigt werden können.

Von dieser Patientenverfügung wurden vier Ausfertigungen erstellt, die folgende Personen bzw. Stellen erhalten haben:

1. Name, Anschrift; ausgehändigt am ...
2. Name, Anschrift; ausgehändigt am ...
3. Name, Anschrift; ausgehändigt am ...
4. Name, Anschrift; ausgehändigt am ...

Was in einer Patientenverfügung nicht geregelt werden kann, ist der Wunsch nach aktiver Sterbehilfe, d.h. die gezielte Tötung eines Menschen z.B. durch die Verabreichung eines den Tod herbeiführenden Präparates (Tabletten, Injektionen oder Infusionen). Dies ist in Deutschland gesetzlich verboten und wird strafrechtlich verfolgt, und zwar auch dann, wenn sie mit ausdrücklicher Zustimmung des Patienten erfolgt. Passive Sterbehilfe hingegen, d.h. der Verzicht auf eine lebensverlängernde Behandlung bei einem unheilbar kranken Menschen, bei dem der Sterbeprozess eingesetzt hat, ist zulässig, setzt aber das Einverständnis des Patienten voraus. Das Gleiche gilt für den Behandlungsabbruch. Für Bevollmächtigte und gesetzliche Betreuer stellt sich die Frage, ob sie eine solche Entscheidung mit Hilfe des Vormundschaftsgerichtes fällen können. In der Rechtsprechung und Literatur ist die Frage der Zuständigkeit der Vormundschaftsgerichte, über das Unterlassen einer Heilbehandlung oder den Behandlungsabbruch zu entscheiden, umstritten. Allerdings scheint sich inzwischen überwiegend die Meinung durchzusetzen, dass Gerichte zuständig sind. Es lohnt sich also für die Bevollmächtigten und gesetzlichen Betreuer, dann, wenn es um einen Behandlungsabbruch bei einem Patienten geht, bei dem ein irreversibler Sterbeprozess noch *nicht* eingesetzt hat (etwa bei einem Komapatienten), das Vormundschaftsgericht einzuschalten und die eigene Entscheidung durch das Vormundschaftsgericht genehmigen zu lassen. Es kann allerdings sein, dass das Vormundschaftsgericht, eine Funktion des örtlichen Amtsgerichtes, sich nicht für zuständig erklärt.

Zur Erinnerung: Durch eine Vorsorgevollmacht ist es möglich, für die Zukunft einen oder mehrere Vertreter zu bestimmen, die im Falle der fehlenden Handlungs- und Entscheidungsfähigkeit in der Lage sind, in rechtsverbindlicher Weise für mich zu entscheiden, sowohl in vermögensrechtlicher Hinsicht als auch in Fragen der Gesundheitsangelegenheiten – je nachdem, wie weit der Bevollmächtigte ermächtigt wird. Durch eine Vorsorgevollmacht kann auch die Bestellung eines gesetzlichen Betreuers überflüssig werden.

Bevor eine Vorsorgevollmacht aufgesetzt wird, die in ihrer Reichweite im Übrigen weiter ist als bei einer Patientenverfügung, da der Bevollmächtigte nicht nur den mutmaßlichen Willen weitergibt, sondern auch für den Kranken entscheidet, ist genau zu prüfen, wer als Bevollmächtigter eingesetzt werden soll. Es sollte genau überlegt werden, ob diese Person geeignet ist, wer hierzu in der Lage und bereit ist, ob hierin eine Zumutung liegen könnte, die die Beziehung belastet oder auch, ob die Bestellung etwa *eines* Kindes aus der Geschwisterreihe zu Konflikten mit anderen führt usw. Es ist durchaus möglich, auch mehrere Bevollmächtigte einzusetzen, sie zum Teil nur gemeinsam entscheiden zu lassen oder für sie unterschiedliche Aufgabenbereiche vorzusehen. So kann etwa der eine für Vermögensangelegenheiten und die andere in Gesundheitsfragen zur Bevollmächtigten bestellt werden.

Setzt man eine Vollmacht auf, so muss zunächst deutlich erkennbar sein, wer die Vollmacht erteilt. Es ist deshalb die Angabe des Namens, Geburtsdatums, Geburtsortes und des aktuellen Wohnortes nötig.

Name, Vorname:	
Geb. am:	*in:*
seit	*wohnhaft:*

Als zweites muss klar aus der Vollmachtsurkunde hervorgehen, *wer* bevollmächtigt wird. Es ist die Person des Vertrauens anzugeben, die bevollmächtigt wird, oder die Mehrheit von Bevollmächtigten. Sollte der Bevollmächtigte zum entscheidenden Zeitpunkt aus welchem Grund auch immer verhindert sein, so ist es ratsam, hilfsweise eine zweite Person zu benennen.

Ich bevollmächtige hiermit
je einzeln,
1. Name, geb. am . . ., zur Zeit wohnhaft . . .,
2. Name, geb. am . . ., zur Zeit wohnhaft . . .,
mich nach den Bestimmungen dieser Vollmachtsurkunde zu vertreten. Für den Fall der Verhinderung des Bevollmächtigten benenne ich als Ersatzbevollmächtigten: Name, Vorname, geb. am . . ., zur Zeit wohnhaft . . .

Es kann sinnvoll sein, den Sinn und Zweck der Bevollmächtigung zu dokumentieren. Etwa:

Durch diese Vollmacht möchte ich, dass alle Beteiligten Klarheit und Sicherheit in Fragen meiner Heilbehandlung erhalten, dass mein Wille und meine Wünsche dann zum Tragen kommen, wenn ich mich selber nicht mehr äußern kann. Die Vollmacht dient auch dazu, eine gesetzliche Betreuung ggf. überflüssig zu machen, und sie soll der Anordnung einer Betreuung dann vorgehen, wenn der Bevollmächtigte meine Angelegenheit ebenso gut wie ein gesetzlicher Betreuer besorgt.

In jedem Fall ist es wichtig, genau zu regeln, wozu der Bevollmächtigte bevollmächtigt wird. Hierzu können

alle *vermögensrechtlichen Angelegenheiten* gehören, sie können auch nur in Teilbereichen übertragen werden.

Gesondert geregelt werden muss die Frage der Vertretung in *gesundheitlichen Angelegenheiten,* insbesondere wenn die Vollmacht auch dazu dienen soll, in risikoreiche und gefährliche Heilbehandlungen einzuwilligen.

Eine zu sehr eingeschränkte Bevollmächtigung birgt die Gefahr, dass der Bevollmächtigte im Zweifel nicht handlungsfähig ist. Die Bevollmächtigungen können sowohl in einer einzigen Vollmachtsurkunde vorgenommen werden, es können aber auch unterschiedliche Urkunden oder unterschiedliche Fassungen von Urkunden ausgestellt werden, etwa eine Generalvollmacht in Vermögensangelegenheiten, die im rechtsgeschäftlichen Verkehr Anwendung findet, und eine Vollmacht in Gesundheitsangelegenheiten, die nur im Verkehr mit den Ärzten und Pflegekräften Anwendung finden soll, die nicht unbedingt von den vermögensrechtlichen Hintergründen wissen müssen.

Beispiel für eine Generalvollmacht:

Den vorstehend Genannten erteile ich je einzeln die widerrufliche Vollmacht, mich in allen meinen Vermögens-, Renten-, Versorgungs-, Steuer- und sonstigen Rechtsangelegenheiten in jeder denkbaren Richtung zu vertreten.
Die Vollmacht berechtigt insbesondere zur Verwaltung meines Vermögens, zur Verfügung über Vermögensgegenstände, zum Vermögenserwerb, zum Inkasso, zur Eingehung von Verbindlichkeiten, zum Abschluss eines Pflege- und Heimvertrages oder einer ähnlichen Vereinbarung, zur Auflösung des Mietverhältnisses über meine Wohnung, zur Beantragung von Renten, von Versorgungsbezügen, von Sozialhilfe und von Leistungen der Pflegeversicherung, zu geschäftsähnlichen Handlungen und zu allen Verfahrenshandlungen, die zur Durchsetzung der vorgenannten Ansprüche erforderlich sind.
Über den Grundbesitz können die Bevollmächtigten nur gemeinsam verfügen. Schenkungen können nur in dem

Rahmen vorgenommen werden, die einem Betreuer gesetzlich gestattet werden.

Beispiel für eine Gesundheitsvollmacht:

Sollte ich durch Krankheit oder Unfall in einen Zustand geraten, in welchem ich meine Urteils- und Einsichtsfähigkeit zeitweise oder auf Dauer verloren habe, so bevollmächtige ich meine Vertrauensperson, in allen Gesundheitsangelegenheiten für mich zu handeln und zu entscheiden. Sie soll dabei die in meiner Patientenverfügung festgelegten Willensäußerungen befolgen. Ich verpflichte die behandelnden Ärzte, meinen Gesundheitsbevollmächtigten umfassend aufzuklären und die Entscheidungen über die weitere Heilbehandlung und weitere diagnostische Schritte mit ihm zu erörtern. Mein Bevollmächtigter soll auch berechtigt sein, in risikoreiche Heilbehandlungen einzuwilligen, und bei gefährlichen Heilbehandlungen ist er verpflichtet, eine Genehmigung des Vormundschaftsgerichtes gem. § 1904 Abs. 2 BGB einzuholen. Er soll weitreichende Entscheidungen über meine Heilbehandlung mit

Name, Anschrift

vor der Entscheidung erörtern.

Klärungsbedürftig ist die Frage, ob ein Bevollmächtigter eine Vergütung erhalten soll oder nicht. So kann bestimmt werden, dass die Vollmacht unentgeltlich zu führen ist gegen Auslagenerstattung. Es kann auch bestimmt werden, dass der Bevollmächtigte einen Stundensatz, etwa in der Höhe des Stundensatzes eines gesetzlichen Betreuers, oder einen monatlichen Betrag erhält.

Praktisch sinnvoll ist es, dem Bevollmächtigen das Recht einzuräumen, eine Untervollmacht zu erteilen, zumindest in einfachen Geschäftsbesorgungsangelegenheiten. Die Untervollmacht kann und sollte allerdings für persönliche Angelegenheiten, etwa Entscheidungen in Gesundheitsfragen, nicht vorgesehen werden.

Handhabung der Vollmacht: Regelungsbedürftig ist die Frage, wann eine Vollmacht gelten soll. Grundsätzlich ist es sinnvoll, dass die bevollmächtigte Person Ihres Vertrauens im Notfall auch sofort und uneingeschränkt handeln kann. Andererseits kann man die Vollmacht auch an die Feststellung der Geschäftsunfähigkeit bzw. Feststellung der fehlenden Einsichtsfähigkeit koppeln, was allerdings die Nutzung einer Vollmacht im Notfall erschwert, wenn nicht gar ausschließt. Beispiel:

Die Vollmacht gilt erst bei Vorlage eines fachärztlichen Zeugnisses, das bescheinigt, dass ich nicht mehr verantwortlich handeln kann oder körperlich nicht mehr in der Lage bin zu handeln.

Eine Vollmacht sollte in ihrer Ausübung daran gekoppelt werden, dass sie vorgelegt wird. Etwa:

Die Vollmacht gilt nur, wenn die Bevollmächtigte das Original dieser Vollmacht vorlegen kann.

Es kann und sollte auch geregelt werden, dass die Vollmacht über den Tod hinaus gilt, damit der Bevollmächtigte auch noch handlungsfähig bleibt, wenn ich verstorben sein sollte. Etwa:

Die Vollmacht und das ihr zugrunde liegende Auftragsverhältnis bleiben in Kraft, wenn ich nicht mehr lebe.

Form der Vorsorgevollmacht: Prinzipiell ist keine Form für eine Vorsorgevollmacht vorgeschrieben. Wie bei allen weitreichenden Verfügungen und Vereinbarungen vermeidet aber die Schriftform spätere Konflikte und Unklarheiten. Bei einer Generalvollmacht mit dem Recht, auch über Grundvermögen zu verfügen, ist es geboten, die Unterschrift unter eine Vollmacht von einem Notar beglaubigen zu lassen.

Aufbewahrung der Vollmacht: Die Vollmacht kann überall deponiert werden. In jedem Fall sollte dem bzw. den Bevollmächtigten eine Vollmacht ausgehändigt werden, sie kann aber auch bei einer vertrauenswürdigen Stelle hinterlegt werden, bei einem Anwalt oder dem Steuerberater etwa.

Bereitschaft des Bevollmächtigten: Eine Bevollmächtigung anzunehmen stellt für den Bevollmächtigten auch eine hohe Verantwortung und ggf. auch eine Zumutung dar. Er sollte sein Einverständnis erklären und dies nach Möglichkeit auch auf der Vollmachtsurkunde. Hiermit ist für alle Beteiligten klar, dass das Auftragsverhältnis gelten soll. Etwa:

Ich bestätige, dass ich bereit bin, diese Bevollmächtigung anzunehmen und die Vollmacht so zu führen, wie in der Vollmachtsurkunde vorgesehen.

Unterschrift Bevollmächtigter

Ein Bevollmächtigter, der zu dieser Aufgabe nicht mehr bereit oder in der Lage ist, sollte dies dem Vollmachtgeber unverzüglich mitteilen.

Aufklärung: Die Erteilung einer Vorsorgevollmacht ist recht weitreichend. Es ist von daher zu empfehlen, in die Vollmacht eine Klausel aufzunehmen, aus der sich ergibt, dass der Vollmachtgeber über die Reichweite seiner Bevollmächtigung aufgeklärt wurde und die Vollmacht im entsprechenden Bewusstsein und Wissen errichtet hat. Etwa:

Ich bestätige, dass der Vollmachtgeber über die Reichweite der Vollmacht aufgeklärt wurde und die Vollmacht im Wissen um ihre Reichweite erteilt hat.

Unterschrift Rechtsanwalt

Unterschrift Vollmachtgeber

Eine Vollmachtsurkunde muss unterschrieben und mit einem Datum versehen werden, sonst fehlt ihr die Urkundenqualität. Manche Beratungsstellen und Anwälte empfehlen, eine Vollmacht jährlich mit einer Art Fortgeltungsunterschrift zu versehen. Hiervon kann zumindest dann abgesehen werden, wenn ein Vollmachts- und Vorsorgeausweis benutzt wird. *Aus dem Umstand, dass ein Vollmachts- und Vorsorgeausweis mitgeführt wird, kann geschlossen werden, dass die entsprechende Vollmacht noch Geltung haben soll.*

Betreuungsverfügung

Zur Erinnerung: Eine Betreuungsverfügung dient dazu, sowohl dem Vormundschaftsgericht als auch dem künftigen gesetzlichen Betreuer in schriftlicher Weise Wünsche darzulegen, die bei der Bestellung eines gesetzlichen Betreuers und bei der Führung einer Betreuung beachtet werden sollen. Gericht und Betreuer sind grundsätzlich an die in einer Betreuungsverfügung niedergelegten Wünsche gebunden.

Es empfiehlt sich, eine Vorsorgevollmacht regelmäßig mit einer Betreuungsverfügung zu verbinden. Es kann sein, dass der Bevollmächtigte nicht in der Lage ist, die Vertretungsaufgaben zu übernehmen, dann muss ggf. ein anderer gefunden werden, der Ihre Angelegenheiten regelt, und dies wird dann ein gesetzlicher Betreuer sein. Es kann aber auch sein, dass die Aufgaben, die der Bevollmächtigte zu erfüllen hat, zu kompliziert und schwierig werden, dass es Konflikte in der Familie gibt, etwa zwischen den Bevollmächtigten und anderen, so dass er die Vollmacht nicht mehr ohne weiteres so führen kann, wie Sie es sich wünschen. Auch kann deutlich werden, dass der Bevollmächtigte nicht unbedingt in Ihrem Interesse handelt, sondern eigene Interessen oder auch nur eigene Betroffenheiten und Gefühle oder aber eigene Vorstellungen, bezogen auf Ihr Leben, zum Dreh- und Angelpunkt seiner Entscheidungen macht, so dass die Vollmacht nicht mehr (ganz) in Ihrem Sinne geführt wird. In all diesen Konstellationen kann es besser sein und kann sich auch das Gericht dazu veranlasst sehen, eine gesetzliche Betreuung einzurichten. Das Gleiche gilt, wenn kein Bevollmächtigter benannt werden kann, etwa weil Verwandte und Freunde nicht vorhanden oder nicht bereit sind, solche Aufgaben zu übernehmen. Dann kann eine Betreuungsverfügung auch für den (noch unbekannten) gesetzlichen Betreuer niedergelegt werden, woran er sich zu orientieren hat.

In einer Betreuungsverfügung kann zunächst niedergelegt werden, wer der gesetzliche Betreuer werden soll:

Für den Fall, dass das zuständige Vormundschaftsgericht eine gesetzliche Betreuung für notwendig hält, wünsche ich, dass meine Tochter . . ., geb. am . . ., derzeit wohnhaft in . . ., Telefon: . . ., E-Mail-Adresse: . . . vom Gericht zur Betreuerin bestellt wird.

In der Betreuungsverfügung kann niedergelegt werden, dass der Bevollmächtigte auch der gesetzliche Betreuer sein soll. In der Regel aber wird nur dann eine gesetzliche Betreuung erforderlich, wenn der Bevollmächtigte nicht in der Lage oder bereit ist, die Betreuung zu führen oder so zu führen, wie der Vollmachtgeber es niedergelegt hat. Von daher ist es ratsam, zumindest auch eine andere Person als die des Bevollmächtigten zu benennen.

Kann keine Person gefunden werden, die eine solche Aufgabe unentgeltlich übernimmt, kann auch ein sog. „Berufsbetreuer", der gegen Vergütung derartige Aufgaben wahrnimmt, benannt werden, sei es ein Sozialarbeiter oder für bestimmte Fragen ein Rechtsanwalt. Informationen über geeignete Berufsbetreuer lassen sich bei der jeweils zuständigen Betreuungsbehörde oder bei den Betreuungsvereinen erhalten. Es muss einem jedoch dabei bewusst sein, dass die Führung der Betreuung dann mit Kosten verbunden sein wird, die man in der Regel selbst zu tragen hat, wenn man nicht „mittellos" ist.

Benannt werden kann auch ein Betreuungsverein, der gesetzliche Betreuungen durch seine ehrenamtlichen Mitglieder unentgeltlich führt. In fast jeder Stadt und jedem Landkreis finden sich Betreuungsvereine, häufig mit unterschiedlicher weltanschaulicher Orientierung, über die auch die Betreuungsbehörden informieren.

Denkbar ist weiterhin, dass ein Betreuer nur bestellt wird, um den Bevollmächtigten zu beraten und zu kontrollieren, etwa wenn es sich um eine schwierige Familienkonstellation handelt, in der der Bevollmächtigte aus familiendynamischen Gründen sich nicht unabhängig fühlen kann, seine Entscheidungen frei zu fällen. Dann kann in einer Betreuungsverfügung niedergelegt werden, dass jemand zum Kontrollbetreuer bestellt werden soll und wer dies sein soll.

Falls eine gesetzliche Betreuung benötigt wird, um meine Rechte gegenüber meinem Bevollmächtigten zu wahren, oder mein Bevollmächtigter von sich aus wünscht, dass ihm ein Kontrollbetreuer zur Seite gestellt wird, so möchte ich, dass diese Aufgabe von folgender Person übernommen wird:

Name, Vorname

Geburtsdatum

derzeitige Anschrift

Telefon und E-Mail-Adresse

In einer Betreuungsverfügung kann und soll auch niedergelegt werden, welche Wünsche der gesetzliche Betreuer in besonderer Weise beachten soll. Wurde eine Patientenverfügung verfasst, so sind die dort niedergelegten Wünsche auch für den gesetzlichen Betreuer bindend. Gleiches gilt, wenn in einer Vorsorgevollmacht nähere Wünsche und Vorgaben darüber niedergelegt wurden, wie die Vollmacht auszuüben ist. Diese Wünsche sind dann auch für den gesetzlichen Betreuer verbindlich (wenn er von ihnen erfährt).

Sinnvoll ist es, dass auch in einer Betreuungsverfügung derjenige, der für die Betreuungsaufgaben vorgeschlagen wurde, bestätigt, dass er bereit ist, die Betreuung zu übernehmen.

Ich, Name, Vorname, Geburtsdatum, *kenne den Inhalt dieser Verfügung und bin bereit, die gesetzliche Betreuung zu übernehmen.*

Ort, Datum

Unterschrift

Eine Betreuungsverfügung wird grundsätzlich genauso aufbewahrt wie eine Vollmacht und Patientenverfügung, sinnvollerweise wird sie auch in einem Dokument formuliert. Eine Betreuungsverfügung ist aber, und das ist eine Besonderheit gegenüber der Vorsorgevollmacht und der Patientenverfügung, dem zuständigen Vormundschaftsgericht abzuliefern, wenn jemand davon Kenntnis erhält und die Betreuungsbedürftigkeit eingetreten ist. In einigen Bundesländern besteht auch die Möglichkeit, eine Betreuungsverfügung bei dem zuständigen Vormundschaftsgericht zu hinterlegen, hierüber informieren die örtlichen Betreuungsbehörden, die in jedem Telefonbuch zu finden sind.

Organspende

Zur Erinnerung: Seit 1997 ist das Transplantationsgesetz in Kraft. Es regelt, unter welchen Voraussetzungen Organtransplantationen durchgeführt werden können. In einer Organspendeverfügung kann jeder seine Erklärung zur Organspende für den Todesfall schriftlich dokumentieren. Sie können der Spende von Organen und Geweben uneingeschränkt zustimmen, die Spende beschränken, d.h. bestimmte Organe und Gewebe von einer Spende ausschließen oder nur bestimmte Organe und Gewebe spenden oder einer Spende widersprechen. Wer die Entscheidung nicht selbst oder nicht sofort treffen will, kann sie auf eine andere Person übertragen, z.B. auf den Ehepartner, einen guten Freund oder auf Verwandte. Wird keine Organspendeverfügung, etwa in einem Organspendeausweis, getroffen, so entscheiden die nächsten Angehörigen, und dies auf der Grundlage des mutmaßlichen Willens des möglichen Organspenders. Es gilt also, dass nicht nur bei dem Menschen eine Organentnahme möglich ist, der schriftlich in sie eingewilligt hat, sondern auch bei denen, die sich nicht geäußert haben, wenn nächste Angehörige der Organentnahme zustimmen.

Die Verfügung über den Umgang mit Organspenden kann und sollte sinnvollerweise auch im Zusammenhang mit der Patientenverfügung oder Vorsorgevollmacht erklärt werden. Die Bundeszentrale für gesundheitliche Aufklärung empfiehlt folgende Erklärung zur Organspende:

Für den Fall, dass nach meinem Tod eine Spende von Organen/Geweben in Frage kommt, erkläre ich,

☐ *Ja, ich gestatte, dass nach der ärztlichen Feststellung meines Todes meine Körperorgane und Gewebe zur Transplantation entnommen werden.*

☐ *Ja, ich gestatte dies mit Ausnahme folgender Organe/Gewebe:*

____

____

☐ *Ja, ich gestatte dies, jedoch nur für folgende Organe/Gewebe:*

____

____

☐ *Nein, ich widerspreche einer Entnahme von Organen oder Geweben zur Transplantation.*

☐ *Ich habe die Entscheidung übertragen auf*
Name, Vorname, Geburtsdatum, Wohnort, Telefon, E-Mail

Anmerkung/Besondere Hinweise:

____

____

Datum

Unterschrift

Ausweise

Es ist sinnvoll, „für alle Fälle" eine Hinweis- oder Ausweiskarte bei sich zu führen, aus der sich ergibt, dass eine Patientenverfügung, eine Vorsorgevollmacht oder eine Betreuungsverfügung ausgestellt wurde und dass eine Verfügung für Fragen der Organspende getroffen wurde. Keinesfalls sollte der Inhalt all dieser Verfügungen und Vollmachten auf einer Ausweiskarte zusammengefasst werden, wie das zum Teil in auf dem Markt kursierenden „Ausweisen" der Fall ist. Entsprechende Verfügungen und Vollmachten haben kaum Aussagekraft. Auf einer Ausweis- bzw. Hinweiskarte sollte vermerkt werden, welche Arten von Verfügungen und Vollmachten verfasst wurden, und sie sollte den Namen des Ausstellenden enthalten sowie den Aufbewahrungsort bzw. Personen, die im Besitz einer entsprechenden Vollmacht oder Verfügung sind, benennen.

Aufbewahrungsort:

Bitte benachrichtigen Sie im Bedarfsfall folgende Personen:
Name, Anschrift, Telefon, E-Mail
Name, Anschrift, Telefon, E-Mail
Name, Anschrift, Telefon, E-Mail

Ich habe eine
- ☐ *Patientenverfügung*
- ☐ *Vorsorgevollmacht*
- ☐ *Betreuungsverfügung*
- ☐ *Organspendeverfügung*

verfasst (Zutreffendes ankreuzen)

Name:
Anschrift:
Telefon:

Eine entsprechende Ausweiskarte finden Sie am Ende dieses Buches.

Beispiel für eine kombinierte Patientenverfügung/ Vorsorgevollmacht/Betreuungsverfügung/ Organspendeerklärung

Name:
Geboren am:
Anschrift:

Für den Fall, dass ich nicht mehr in der Lage bin, meine Angelegenheiten selbst zu regeln, verfüge ich . . .

Ich möchte, dass folgende Wünsche im Zusammenhang mit einer notwendigen Heilbehandlung beachtet werden:

An mir sollen keine lebensverlängernden Maßnahmen vorgenommen werden, wenn medizinisch festgestellt ist, dass ich mich in einem unumkehrbaren Sterbeprozess befinde, bei dem jede lebenserhaltende Maßnahme das Sterben oder Leiden ohne Aussicht auf erfolgreiche Behandlung verlängern würde.

Ich möchte, dass mich die behandelnden Ärzte genau und vollständig über meinen gesundheitlichen Zustand aufklären, solange ich in der Lage bin, etwas zu verstehen. Ich möchte, dass bei der Aufklärung nach Möglichkeit mein Bevollmächtigter zugegen ist.
Sollte ich mich selber nicht mehr äußern können, verpflichte ich die behandelnden Ärzte, meinen Bevollmächtigten (meinen Lebenspartner, meine Kinder, mein . . .) genau über meine Krankheit zu informieren und mit ihnen die Möglichkeiten der Behandlung zu beraten.
Ich möchte auf keinen Fall eine Organspende erhalten, da das Einpflanzen von fremdem Gewebe mit meiner religiösen Grundhaltung nicht vereinbar ist.

Oder:

Ich stimme dem Erhalt eines fremden Organs zu, wenn damit gute Chancen bestehen, meinen Zustand entscheidend zu verbessern oder eine aufwändige Behandlung wie z. B. Dialyse verhindert oder beendet werden kann.

Ich bevollmächtige hiermit
je einzeln,
1. Name, geb. am . . ., zur Zeit wohnhaft . . .,
2. Name, geb. am . . ., zur Zeit wohnhaft . . .,
mich nach den Bestimmungen dieser Vollmachtsurkunde zu vertreten. Für den Fall der Verhinderung des Bevollmächtigten benenne ich als Ersatzbevollmächtigten: Name, Vorname, geb. am . . ., zur Zeit wohnhaft . . .

Den vorstehend Genannten erteile ich je einzeln die widerrufliche Vollmacht, mich in allen meinen Vermögens-, Renten-, Versorgungs-, Steuer- und sonstigen Rechtsangelegenheiten in jeder denkbaren Richtung zu vertreten. Die Vollmacht berechtigt insbesondere zur Verwaltung meines Vermögens, zur Verfügung über Vermögensgegenstände, zum Vermögenserwerb, zum Inkasso, zur Eingehung von Verbindlichkeiten, zum Abschluss eines Pflege- und Heimvertrages oder einer ähnlichen Vereinbarung, zur Auflösung des Mietverhältnisses über meine Wohnung, zur Beantragung von Renten, von Versorgungsbezügen, von Sozialhilfe und von Leistungen der Pflegeversicherung, zu geschäftsähnlichen Handlungen und zu allen Verfahrenshandlungen, die zur Durchsetzung der vorgenannten Ansprüche erforderlich sind.
Über den Grundbesitz können die Bevollmächtigten nur gemeinsam verfügen. Schenkungen können nur in dem Rahmen vorgenommen werden, die einem Betreuer gesetzlich gestattet werden.

Sollte ich durch Krankheit oder Unfall in einen Zustand geraten, in welchem ich meine Urteils- und Einsichtsfähigkeit zeitweise oder auf Dauer verloren habe, so bevollmächtige ich meine Vertrauensperson, in allen Gesundheitsangelegenheiten für mich zu handeln und zu entscheiden. Sie soll dabei die in meiner Patientenverfügung festgelegten Willensäußerungen befolgen. Ich verpflichte die behandelnden Ärzte, meinen Gesundheitsbevollmächtigten umfassend aufzuklären und die Entscheidungen über die weitere Heilbehandlung und weitere diagnostische Schritte mit ihm zu erörtern. Mein Bevollmächtigter soll auch berechtigt sein, in risikoreiche Heilbehandlungen einzuwilligen, und bei gefährlichen Heilbehandlungen ist er verpflichtet, eine Genehmigung des Vormundschaftsgerichtes gem. § 1904 Abs. 2 BGB einzuholen. Er soll weitreichende Entscheidungen über meine Heilbehandlung mit

Name, Anschrift

vor der Entscheidung erörtern.

Sollte es notwendig werden, dass für mich eine gesetzliche Betreuung eingerichtet werden muss, so wünsche ich, dass mein Bevollmächtigter

Name, Anschrift

zu meinem Betreuer bestellt wird.

Sollte er nicht als Betreuer bestellt werden können, benenne ich:

Name, Anschrift

Ich unterschreibe diese Verfügung nach sorgfältiger Überlegung und als Ausdruck meines Selbstbestimmungsrechtes. Ich wünsche nicht, dass mir in der akuten Situation eine Änderung meines hiermit bekundeten Willens unterstellt wird. Sollte ich meine Meinung ändern, werde ich dafür sorgen, dass mein geänderter Wille zum Ausdruck kommt. Gleichwohl sollen die Ärzte und mein Bevollmächtigter Acht darauf geben, ob ich durch mein Verhalten zum Ausdruck bringe, entgegen meiner Verfügung eine weitere Behandlung zu wünschen.

Oder:

Diese Erklärung gebe ich nicht nur im Vollbesitz meiner geistigen Kräfte und bei voller Entscheidungsfähigkeit ab, sondern nach sorgfältiger Information und in voller Kenntnis von Inhalt und Tragweite meines hier geäußerten Willens. Meine Erklärungen stellen keinen allgemeinen Verzicht auf die mir vertraglich zustehenden ärztlichen Behandlungen dar.

Ich bestätige, dass Herr/Frau . . . über die Tragweite der niedergelegten Verfügungen und Vollmachten aufgeklärt und im Bilde ist.

Unterschrift des Rechtsanwaltes oder Arztes mit Name und Anschrift

Ich bestätige, dass ich bereit bin, diese Bevollmächtigung anzunehmen und die Vollmacht so zu führen, wie in der Vollmachtsurkunde vorgesehen.

Unterschrift des Bevollmächtigten

Unterschrift Ort/Datum

VI
Zum Schluss: Orientierungen und Perspektiven

Wir haben Ihnen in diesem Buch die unterschiedlichen Aspekte einer Vorsorge für die letzte Zeit des Lebens gezeigt. Vielleicht haben Sie spüren können, wie sehr diese Überlegungen auch immer wieder zu ganz grundlegenden Fragen unseres Menschseins führen. Damit wird die Auseinandersetzung mit ihnen auch immer ein Weg zu uns selbst und gibt diesem Nachdenken seinen besonderen Wert.

Zum Abschluss wollen wir noch einmal einige zusammenfassende Hinweise wiederholen und zur Orientierung geben. Sie sollen deutlich machen, dass die Lösung und Beantwortung der aufgeworfenen Fragen nicht darin allein liegen kann, dass diesem Menschen oder jenem die Entscheidungskompetenz zugeordnet wird. Lassen Sie uns deshalb einige Leitlinien und Orientierungen formulieren:

Sterben in Verbundenheit

Zunächst geht es um Rahmenbedingungen für ein Sterben in Verbundenheit. Wir wissen, dass vielfach der Wunsch nach einem vorzeitigen Tod nachlässt und zurücktritt, wenn die Rahmenbedingungen für das Sterben so sind, dass der Mensch sich in Verbundenheit mit anderen aufgehoben fühlt und sich in seiner Würde geachtet sieht. In der Moderne sind wir mit der Notwendigkeit konfrontiert, neue kulturelle Formen der Gestaltung der Sterbephase zu entwickeln, zu ritualisieren. Auf diese Weise kann es gelingen, dem Einzelnen seine Würde zu geben: mit Respekt vor dem Individuum mit seiner ganz persönlichen Werthaltung. Hierfür bedarf es der nötigen Infrastruktur und der erforderlichen Qualifikation der Helfenden. Eine solche Infrastruktur bieten z.B. die verschiedenen Hospizangebote – einschließlich der Palliativstationen und der dazugehörigen Ehrenamtlichenstrukturen. Hierzu gehört auch die Qualifikation der Helfenden, wie sie von der Hospizbewegung über Jahrzehnte erfolgreich entwickelt worden ist.

Die Rahmenbedingungen in diesem Sinne sind keine Selbstverständlichkeit, und vorhandene Möglichkeiten sind sogar noch bedroht: Wie viele Menschen müssen auf eine angemessene Schmerztherapie verzichten, wie unvollkommen ist das Wissen über Therapieoptionen zur Sicherung der „Lebensqualität" in Sterbeprozessen! Es darf nicht dazu kommen, dass Patientenverfügungen einerseits oder der Wunsch nach aktiver Euthanasie andererseits an die Stelle einer besseren Qualifikation im Gesundheits- oder Pflegewesen treten.

Andere Wirklichkeiten

Andere Wirklichkeiten sind zumindest zu respektieren, zuzulassen und zu verstehen. Wir müssen besser lernen zu verstehen, dass eine schwere Alzheimer-Krankheit oder andere Formen der „Verwirrtheit" für den Betroffenen nicht nur Leid und Elend bedeuten. Wir kennen heute neue Verstehensmöglichkeiten von Demenz. Wir wissen heute, dass Menschen auch bei schweren Formen der Demenz möglicherweise weit weniger leiden als bislang angenommen wurde. Auch wenn ihre Wirklichkeit nicht der unseren entspricht, so gilt es doch, den Respekt vor anderen Seinszuständen oder vor Weltferne, vor dem Eigensinn und auch vor den inneren Welten, die durch Krankheiten mitbedingt sind, zu entwickeln. Andernfalls wären wir einem bestimmten Bild von „lebenswert" und „lebensunwert" ausgeliefert.

Autonomie

Die Autonomie des Menschen gilt für uns heute als eine der wesentlichsten Orientierungen anthropologischer Art. – Autonomie als Wert und Kriterium gilt auch und gerade für die Entscheidungen am Lebensende. So sind Willensäußerungen als Ausdruck der Persönlichkeit zu respektieren, und so gilt es auch zu respektieren, dass Menschen sich in ganz bestimmter Weise einen Abschied aus diesem Leben wünschen und sich einen anderen nicht vorstellen können. Gleichzeitig darf der Gesichtspunkt der Autonomie aber nicht absolut gesetzt werden: Gerade am Lebensende befinden sich Menschen in existenzieller Abhängigkeit und bedürfen in dieser Abhängigkeit der Unterstützung oder der Begleitung.

Zum Schutz des Willens eines schwer kranken Menschen gehört es auch, dass sich andere finden, die in der Lage sind, die aktuelle Befindlichkeit eines Kranken und deren Veränderungen zu erkennen, sie ihm gewissermaßen von den Augen ablesen. Nur auf diese Weise kann seine Autonomie wirklich geschützt werden: Indem er nämlich nicht in zynischer Weise zum Opfer einer einmal – in früheren Zeiten – getroffenen Festlegung wird. Die Trends, die sich im Medizinbetrieb beobachten lassen, dass Patientenverfügungen ohne genauere Prüfung des *aktuellen* Willens befolgt werden, weisen in die falsche Richtung.

Stellvertretende Entscheidung im neuen Gewand

Es gilt Mut und Phantasie zu entwickeln, um für stellvertretende Entscheidungen, wie sie am Lebensende oftmals nötig werden, neue Wege zu erproben. Im Ausland sind vielfältige Formen bekannt und erprobt, wie solche Entscheidungen am Lebensende „gemeinsam" gefällt werden können, unter Beteiligung von patientennahen Ethikkommissionen.

In Kanada etwa werden interessante Wege beschritten, die nicht justizförmig sind. Sie beteiligen Ärzte, Angehörige, Pflegekräfte und unabhängige Personen, um sowohl eine neue Kultur der Entscheidungsfindung in der Gesellschaft zu verankern als auch „in der Sache" Entscheidungen zu qualifizieren. Solche Entscheidungen werden dann so nahe wie möglich am Willen des kranken Menschen und unter Achtung und Sorge um seine Würde gefällt.

Auch hierzulande brauchen wir eine breite gesellschaftliche Diskussion über die Entscheidungen am Lebensende. Am Ende dieser Debatte könnten auch neue Institutionen und Verfahren stehen – und vor allem auch eine tragfähige gesellschaftliche Grundhaltung zu den Entscheidungen am Lebensende und dem Wert des Lebens kranker und hochbetagter Menschen. Wir stehen hier erst am Anfang dieses Weges. Dieses Buch soll dazu beitragen, auf solch einem Weg voranzukommen. Dazu aber bedarf es *Ihres* Beitrages. Erst wenn dieses Buch Sie selber dabei unterstützt, eine eigene neue Haltung zu finden, wenn es Sie zu eigenständigem, verantwortlichem Handlungen anregt, hat es seine Aufgabe erfüllt.

VII. Anhang
Nützliche Anschriften

Bundesarbeitsgemeinschaft Hospiz zur Förderung von ambulanten, teilstationären und stationären Hospizen und Palliativmedizin e. V. Geschäftsstelle: Renkerstr. 45, 52355 Düren, Tel.: (0 24 21) 59 94 72, Fax: (0 24 21) 59 94 73

Deutsche Alzheimer Gesellschaft, Kantstr. 152, 10623 Berlin, Tel.: (0 30) 31 50 57 33, Fax: (0 30) 31 50 57 35

Deutsche Gesellschaft für Palliativmedizin e.V. (DGP), Sitz: Dr. Mildred Scheel Haus, Medizinische Einrichtungen der Universität zu Köln, Joseph-Stelzmann-Str. 9, 50931 Köln.

Deutsche Gesellschaft zum Studium des Schmerzes e. V., II. Physiologisches Institut der Universität, Im Neuenheimer Feld 326, 69120 Heidelberg, Tel.: (0 62 21) 56 40 51

Deutsche Hospiz Stiftung, Hohle Eiche 29, 44229 Dortmund, Tel.: (0231) 73 80 73-0, Fax: (0231) 73 80 73-1

Schmerztherapeutisches Kolloquium e. V., Hainstraße 2, 61476 Kronberg/Ts, Tel.: (0 61 73) 95 56-0 www-stk-ev.de

Vormundschaftsgerichtstag e. V., Cäcilienhöhe 69, 45657 Recklinghausen, Tel.: (0 23 61) 2 23 02, Fax: (0 23 61) 2 23 03, E-Mail: ke-brill.vgt@t-online.de

Zentrum für Hospiz-Forschung und -Weiterbildung, c/o Hospiz Stuttgart, Stafflenbergstraße 22, 70184 Stuttgart, Tel.: (07 11) 2 37 41-51, Fax: (07 11) 2 37 41-54, E-Mail: hospiz.stuttgart@t-online.de

Literatur

Ariès, Ph.: Geschichte des Todes. Deutscher Taschenbuch Verlag, München 1999

Bauby, J.-D.: Schmetterling und Taucherglocke. Deutscher Taschenbuch Verlag, München 1998

Coelho, P.: Veronika beschließt zu sterben. Diogenes Verlag, Zürich 2000

Dörner, K. / Plog, U.: Irren ist menschlich – oder Lehrbuch der Psychiatrie / Psychotherapie. Psychiatrie-Verlag, Bonn 1996

Doyle, D. u. a. (Hrsg.): Oxford Textbook of Palliative Medicine. Oxford University Press, Oxford 1998

Hoff, J. / v. d. Schmitten, J. (Hrsg.): Wann ist der Mensch tot? Organverpflanzung und Hirntodkriterium. Rowohlt, Reinbek bei Hamburg 1994

Klie, T.: Das Recht der Pflege alter Menschen. 7. Auflage, Vincentz-Verlag, Hannover 2001

Kübler-Ross, E.: Interviews mit Sterbenden. Droemer Verlag, München 1999

Saunders, C. (Hrsg.): Hospiz und Begleitung im Schmerz. Wie wir sinnlose Apparatemedizin und einsames Sterben vermeiden können. 4. Auflage, Verlag Herder, Freiburg 1999

Student, J.-C. (Hrsg.): Das Hospiz-Buch. 4., erweiterte Auflage, Lambertus Verlag, Freiburg 1999

Student, J.-C. (Hrsg.): Im Himmel welken keine Blumen – Kinder begegnen dem Tod. 5., neubearbeitete Auflage, Verlag Herder, Freiburg 2000

Taupitz, J.: Zivilrechtliche Regelungen zur Absicherung der Patientenautonomie am Ende des Lebens. Eine internationale Dokumentation. Springer, Berlin/Heidelberg 2000

Zimmermann, W.: Betreuungsrecht. Deutscher Taschenbuch Verlag, München 1999

VIII. Hinweiskarte für den Geldbeutel oder die Brieftasche

Die Hinweiskarte kann auch zum Preis von 4,00 DM oder 2,00 Euro in Briefmarken beim
Hospiz Stuttgart, Stafflenbergstr. 22, D-701084 Stuttgart angefordert werden.

(Zum Ausschneiden)

Ich habe eine
- ☐ **Patientenverfügung**
- ☐ **Vorsorgevollmacht**
- ☐ **Betreuungsverfügung**
- ☐ **Organspendeverfügung**

verfasst (Zutreffendes ankreuzen)

Name: ______________________

Anschrift: ______________________

Telefon: ______________________

HIER KNICKEN

Aufbewahrungsort: ______________________

Bitte benachrichtigen Sie im Bedarfsfall folgende Person:

____
Name

____
Anschrift

____
Telefon / E-Mail